雪球基金第一课

雪　球　著

中国经济出版社
CHINA ECONOMIC PUBLISHING HOUSE
·北京·

图书在版编目（CIP）数据

雪球基金第一课：明明白白买基金 / 雪球著 . --
北京：中国经济出版社，2022. 9 （2023. 5 重印）
ISBN 978-7-5136-7086-9

Ⅰ. ①雪… Ⅱ. ①雪… Ⅲ. ①基金 – 投资 – 基本知识
Ⅳ. ①F830.59

中国版本图书馆 CIP 数据核字（2022）第 164407 号

责任编辑　燕丽丽
责任印制　马小宾
封面设计　雪球设计中心

出版发行　中国经济出版社
印 刷 者　河北宝昌佳彩印刷有限公司
经 销 者　各地新华书店
开　　本　710mm × 1000mm　1/16
印　　张　14.75
字　　数　210千字
版　　次　2022年9月第1版
印　　次　2023年5月第4次
定　　价　59.00元
广告经营许可证　京西工商广字第8179号

中国经济出版社　**网址**　www.economyph. com　**社址**　北京市东城区安定门外大街58号　**邮编**　100011
本版图书如存在印装质量问题，请与本社销售中心联系调换（联系电话：010-57512564）

我们在基金投资中赚的每一分钱，说白了，都是自己认知的投影；持续学习，是为了账户收益，也为了迭代更高版本的自己。

——谨以此书献给准备通过基金投资实现财富增长的朋友们

目　录

序

投资基金能实现财务自由吗？

大家购买基金，都有个朴素的愿望：赚钱。还有人用一个美妙的词汇来描述赚钱后的状态：财务自由。

投资基金能否实现财务自由？

我的回答是：有可能，但非常难。

为什么这样说呢？

首先，投资者的本金是收益的基数。大部分人能够用来投资的、闲置的资金规模是有限的。全中国投资者投资基金的平均规模不超过 10 万元。

其次，投资者获得的回报率是收益的乘数。基金的回报率受制于它的底层资产的回报（可以叫作市场基准收益），以及基金经理的投资能力（也包括运气）产生的超额收益。在底层资产的收益方面，股票算是这个星球上长期回报率最高的资产。高到什么程度呢？大概就是企业的净资产回报率。长期来说，年化 8%~10% 就非常不错了。加上基金经理的能力产生的超额收益，基金的整体收益，如果有年化 10%~15% 就非常不错了。像巴菲特、大卫 · 史文森这样全球知名、在投资史上留下名字的基金经理，长期的年化收益率大概是 15%~20%。而中国基金业协会统计的中国偏股型基金的长期收益率，大概是 17%（因为统计口径问题，略有争议）。但确定长期能有年化 15%~20%，就非常不错了。

数量有限的本金加上不是那么高的投资回报率，所以能实现财务自由的程度也是有限的。

虽然实现财务自由很难，但是如果能长期用正确的方法投资基金，收益积累下来又是相当可观的。

那么投资者该用什么方法投资基金呢？

大家最容易想到的是，基金价格是涨涨跌跌的，我在低的时候买，在高的时候卖，不就赚钱了？

这想法很好，但啥是低，啥是高呢？从我有限的经验看，判断一只基金会涨，跟判断一只股票会涨一样，是这个市场上绝大多数投资者都在努力的事情，但同时也是绝大多数投资者都难以取得成功的事情。

如果这条路子走不通，那么就有另一条路，我只赚基金长期上涨的钱。

这里面还需要分开，就是刚才我们说到基金的收益，包括基准收益和超额收益，你到底要哪样呢？

大部分人肯定会说，我要超额收益，那么你就需要去投资主动管理型的基金，要对基金经理能不能获取超额收益有一个判断。你可以在雪球基金上寻找主动管理型基金，它可能包括几个维度的寻找。

第一，你要观察基金长期的净值，看它能不能跑赢指数。

第二，你还需要了解基金经理是用什么样的投资理念、什么样的投资方法来投资的；他超越指数是不是可以持续的。你得有这个判断。

第三，你甚至还可以观察基金经理的言论，看他的观点是否正确，逻辑是否足够严密，情绪是否足够稳定。如果你能够基于长期净值、业绩归因、人格认知的 3 个维度，选出一个主动管理型基金（比如伯克希尔 – 哈撒韦），那么你有一定可能性靠它超越指数。当然，也有可能你的选择或者判断是错误的，或者是阶段性错误的。如果你做出了这个判断，你就得承担错误的后果。比如，近 10 年你投资伯克希尔 – 哈撒韦就跑输了指数。

如果搞了很久，你发现，判断一个基金经理并不比判断一只股票容易，那么你可能就要放弃投资主动管理型的基金，放弃对基金经理的判断。这时候你可以做什么呢？你可以考虑投资指数基金，这也是巴菲特一直推荐的最适合普通人的投资方法。

但这里面也要注意两点，一是如果你没有投资个股、行业、主动管理型基金的能力，那么你也不应该去投资行业的指数基金，而应该投资没有行业集中度的宽基。通俗地讲，宽基由多个跨行业的公司组成，特别典型的，比如说内地的沪深 300、香港的恒生指数、美国的标普 500。二是要在估值合理的时候去投资，而不是等一个东西涨得非常多的时候，你才发现它的投资价值。指数基金的估值是否合理，其实也非常难以判断。雪球上也有很多用户构建了一种基于指数的估值进行择时的系统，如果你觉得自己没有能力判断什么时候估值是合理的，那么你可以参考这种办法。

除了投资单一市场的指数基金，还可以做一个跨市场的指数基金配置，比如你可以投资 A 股市场的沪深 300 指数，投资港股市场的恒生指数，投资美股市场的纳斯达克 100 指数、标普 500 指数，你甚至还可以投资日经 225 指数、德国 30 指数。将各个市场的指数基金组成一个组合，也是一种比较经典的资产配置。

如果一个人长期坚持用资产配置的思路投资指数基金，我不敢说他一定能实现财务自由，但我能确定，他一定会越来越富有。

方三文

第 1 章

基金是普通人财富管理的最佳选择

对于投资这件事情，顺应趋势比努力更重要。“基金行业已成为居民财富管理的重要力量”，个人投资者通过投资公募基金入市的趋势正在形成。

如果你不是有钱、有闲且有一定交易天赋的人，那么建议你不要去自己买股票。对于普通人来说，基金一定是财富增长的最佳选择。

为什么别人买基金赚钱，你却不赚钱？

“身边很多人在买基金，我也手痒试了试水，发现一买就跌，一卖就涨，结果没挣几个钱还交了不少手续费，基金是不是有毒……”

“同样是买基金，怎么朋友圈总是有收益率百分之三四十的，而我一顿操作下来，连大盘都没跑赢？”

惨遭“毒打”之后，很多人伸向基金的手，又想着缩回去。

下面我们就探讨一下买基金到底能不能赚钱？什么样的人适合买基金？帮你搞明白自己到底是怎么亏钱的，为什么别人买基金赚钱而你不赚钱。然后，你再决定要不要成为一名真正意义上的基金投资者。

● 买基金到底能不能赚钱？

先说结论：长期看，买基金不仅能赚钱，更重要的是能让你分享到财富迁移的时代红利。

我们来看一组数据：

2016 年 12 月 1 日至 2021 年 12 月 1 日，这 5 年里有数据可查的偏股型基金共有 1024 只。其中，5 年年化收益率为正的有 991 只，年化收益率超过 10% 的有 638 只。

这组数据有什么意义呢？假设你从 2016 年 12 月起随便买入一只偏股型基金并一直拿到 2021 年 12 月，那么你亏钱的概率只有 3.2%。与此同时，你有 60% 以上的可能性每年获得至少 10 个点的回报。

历史告诉我们，不管什么时候买入，只要能持有足够长的时间，那么绝大多数基金都是赚钱的。

现实情况是，赚钱效应越来越明显，基金的规模也在不断刷新纪录，越来越多的人正把手里的钱投向基金。

写到这里，不得不强调一件事：

当下，我们正处在财富大搬家的浪潮中，中国居民的资金正在由房地产市场向金融市场迁徙。人们对房地产的配置比重在不断下降，同时越来越重视对金融资产的配置（见图 1–1）。

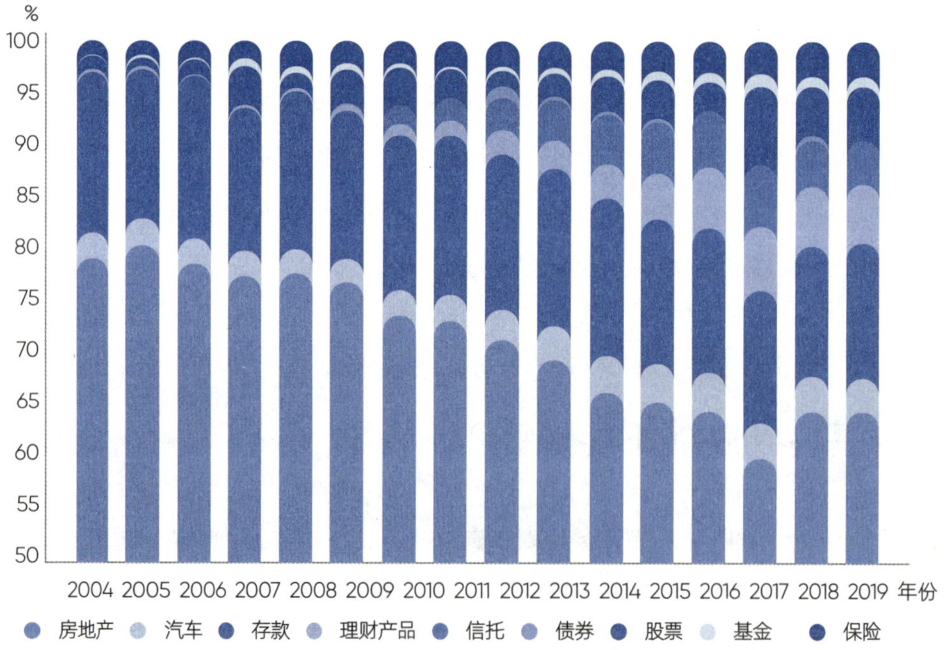

图 1–1　2004—2019 年中国居民资产配置结构

资料来源：Wind，中金公司研究部。

其中的原因也很好解释，人们的财富在持续增加，水越来越多，不可能永无止境流向同一个池子；在“房住不炒”的大环境下，配置房地产的性价比越来越低；从注册制、科创板再到北交所，种种政策措施都在鼓励居民资产入市。

对于投资这件事情，顺应趋势比努力更重要。2021 年 8 月，中国证监会主席易会满明确表态，“基金行业已成为居民财富管理的重要力量”，个人投资者通过投资公募基金入市的趋势正在形成。

为什么建议你买基金而不是炒股？

同样是投资股票市场，为什么建议你买基金而不是直接买股票？原因有三：

第一，基金与生俱来的两大优势无法被超越。

一是专业优势。业余打不过专业，个人打不过团队。每一只基金都有基金经理打理，他们通常是名校毕业的高才生，从研究员做起，在某一行业深耕多年。更重要的是，基金经理并不是一个人在战斗，他背后有一个专门做投研的团队，研究上市公司和股债市场，挑选有增长潜力的股票。所谓术业有专攻，基金经理炒股就是专业的人做专业的事。此外，基金经理作为市场上的主流玩家，他们获取信息的渠道相比个人投资者更宽广。股票市场变幻莫测，一些突发事件常会引发股价变动。基金经理团队有资源有人脉，总是可以第一时间得到消息，并快速做出投资决策，提早避坑防雷。

相对应地，个人投资者一是没有扎实的专业基础，二是处于信息链末端，自己炒股无疑是难上加难。

二是分散风险。投资圈有句俗语：不要把鸡蛋放在一个篮子里。如果是投资股票，为了分散风险，方法是构建组合，持有多只股票。而基金这类产品的设计就是把很多投资者的资金集中到一起，然后买入一篮子股票。本质上，一只基金就相当于一个资产组合，基金天生就能分散风险。

第二，绝大多数股民都打不过基金。

上交所资本市场研究所联合多家机构撰写过一篇论文，论文收集了超过 5300 万个账户的日常交易信息，在 2016 年 1 月至 2019 年 6 月期间，样本中的散户投资者，不管是市值 10 万元以下的还是 1000 万元以上的，平均收益都是负的（见表 1–1）。但是，同一时期，机构投资者却是获得了正收益的，其平均收益率超过 11%。

表 1–1　2016 年 1 月—2019 年 6 月不同群体的投资收益　　单位：元

账户	总收益	择时收益	选股收益
散户 10 万元以下	-2457	-774	-1532
散户 10 万 ~50 万元	-6601	-3018	-2433
散户 50 万 ~300 万元	-30443	-15558	-10171
散户 300 万 ~1000 万元	-164503	-80767	-65269
散户 1000 万元以上	-89890	-411584	402271
机构投资者	13447655	-4176872	18074792
公司法人投资者	23440904	-14766355	38244620

资料来源：上交所、海通证券研究所、券商中国。
注：数据为 2016 年 1 月至 2019 年 6 月单个账户的年化收益。

再看未来，借鉴发达国家的股市发展趋势，随着去散户化的推进，包括公募基金在内的机构在股票市场的话语权将会持续提升，基金对 A 股的影响力也会越来越大，股民要想跑赢基金则会变得越来越难。既然打不过，那不如早点加入。

第三，基金是适配大部分普通人的投资选择。

适合普通人的投资应该是不需要太多的时间、金钱以及软能力就可以实现的，而基金则完全适配。如果你符合以下条件，那么你可以果断选择基金。

一是没有太多的时间和精力。研究股票耗时耗力，不光要学习财务知识，学会如何估值，更要能看懂经济形势、周期波动、行业趋势。除此之外，你需要对市场消息和盘面波动有非常敏锐的洞察力，需要接触不同圈子的人，收集尽可能多的信息。如果你不是专职投资，那你的生活恐怕将会被分割得一团糟。基金则可以帮我们在对工作生活影响最小化的前提下，实现收益最大化。

二是没有足够多的本金。一方面，如果没有足够多的资金，就只能单吊一两只股票，这样会给自己的投资埋下很深的隐患，一旦持仓股遭遇黑天鹅事件，后果不堪设想。另一方面，个人买股票也不是想买哪只股票就能买到的。比如，像贵州茅台等很多核心资产的股价都比较高，1 手就要几万元，甚至二十几万元。此外，投资创业板、科创板股票还有一定的资金门槛，新开市的北交所也是至少有 50 万元才能开户。而购买基金则可以间接持有你看好的股票，相当于找基金经理做代购，和其他投资者一起拼团上车，成本低且不用费心。

三是没有极强的心态（心理承受能力）和执行力。一只股票每天的波动幅度最大可以是 10% 或 20%，有些股票甚至几天内波动能达 50%。不管是涨 50% 还是跌 50%，对于普通投资者来说，都是一个考验心态、拷问灵魂的事情。投资中最怕的不是能力撑不起野心，而是心态撑不起野心。而基金就不一样了，基金因持有很多只股票，基金净值的波动幅度往往要比单只股票小很多。总体上，持有基金的体验要比持有股票好很多。

股市交易中需要的另外一种天赋型能力叫作“执行力”。股票涨多了能不能及时止盈，回撤到一定程度敢不敢及时买入，所有这些都需要非常强的执行力。受过专业训练的基金经理，在制度等多重因素约束下，显然较散户有更好的执行力。

总之，如果你不是有钱、有闲且有一定交易天赋的人，那么建议你不要去自己买股票。对于普通人来说，基金一定是财富增长的最佳选择。

这两点做不好，你就赚不到基金的钱！

有个段子，说市场上容易赚钱的基金一般有四种：

别人买的基金；
自己刚卖了的基金；
花 10 块钱试试水的基金；
加入了“自选”但一直没有买的基金。

为什么会出现这种情况呢？为什么别人买基金赚钱，你就赚不到钱呢？我们总结有两大原因：

第一，不会选——买基盲目，一切都是未知。大多数人在最开始买基金的时候都是看哪个业绩好就买哪个，别人推荐什么就买什么。买基盲目，涨跌看天，盈亏看命。而且在这个选择的过程中，有两个非常重要的准备工作没有做。

一是没搞清楚自己需要什么。国内公募基金已超过 1 万只，每只基金投资的方向不一样，管理人不一样，背后的风险也不一样，漫无目的地选基金就好比在撞大运。

在选择一只基金之前，我们需要知道自己的目标收益是多少，最多能承受多大的损失。如果你就是看好 A 股的大趋势、大方向，那配置指数基金就够了；如果你想获得一些超额收益，那可以去选你觉得不错的基金经理；如果你看好某些热门行业，那就去选行业基金；如果你比较保守，只能承受很小的风险，可以选固收类的基金。具体的挑选攻略，我们在后边的章节会逐一介绍。

二是忽略了风险分散。虽然前文提到基金本身就能够分散风险，但那是相对于单只股票。每一只基金都有它的指定投资范围，持仓股都有一定的聚类属性，即使是指数基金也只能跟踪某一类股票，基金经理管理的主动基金更是带有一定的主观性。很多基民买基金，稍微尝到一些甜头后，就轻易重仓一只基金，这种做法是非常不理智的。当然，也并非持有基金数量越多越好，基金“海王”也很难获得最大化收益。后文将专门讲如何合理构建自己的基金组合。

第二，拿不住——持有时间太短，赚钱概率就像抛硬币。拿不住，是大多数基民亏钱的根源。即使你买的是自己足够了解的、适合自己的且风险把控良好的基金，但是如果没拿住，那一切都白搭。

我们来看一组非常直观的数据，见图 1–2。2011 年 4 月 1 日—2021 年 3 月 31 日，随便哪一天买入样本中任意一只主动股票型基金或混合偏股基金，如果持有 1 个月的时间，那么赚钱和亏损的概率都是约 50%。说明如果持有的时间太短，那么买基金亏钱还是赚钱就跟抛硬币的概率差不多，充满了不确定性。再拉长时间看，当持有期提高到 3 年，赚钱概率已经显著提高到了 80%；持有 5 年，赚钱概率就超过了

90%；持有 6 年，赚钱概率就达到了 96.3%。所以，能拿住就能让你在很大程度上避免亏钱。

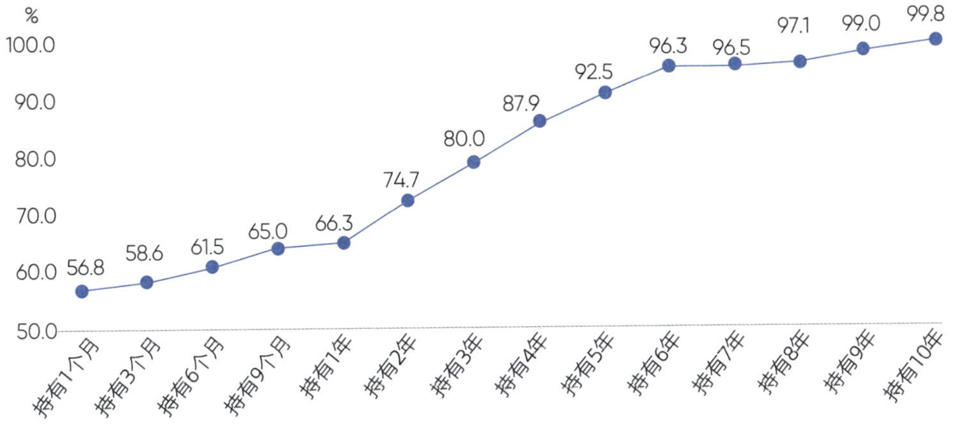

图 1-2　2011 年 4 月—2021 年 3 月基金不同持有时间对应的赚钱概率

资料来源：Wind，易方达互联网投教基地。

我们在准备通过投资实现财富增长之前，一定要明白这样一个常识：投资是一个复利游戏、价值增长游戏。所有的投资都需要有长线思维。

那么，我们该怎么解决赚不到钱这个问题呢？怎么才能轻松选到好基金且又能拿得住呢？

答案是两个字：学习。

我们投进去的可是真金白银，花点时间去了解去学习才是对我们自己的钱包负责。不要打无准备的仗。

学习买基金并不难，相关的数学知识小学就学过，核心是概念和理念。买基金不是比智商，而是比谁更理性，而理性的前提就是理解，要理解就得花点时间。

本书将从收益目标的制定，到选择合适的基金品类，再到构建基金组合以及如何高效定投，逐一讲解示范，帮助你成为一名能赚钱的基民。

买基金，合理的预期收益应该是多少？

当你读到这里的时候，希望你已经认可了正确的买基方法确实能赚到钱；但是，千万别着急立刻打开雪球 App 就开始买，因为你知道的还远远不够。

任何投资都离不开 4 个维度：收益、风险、成本和时间。接下来我们来谈谈买基金合理的预期收益应该是多少，如何根据自己的风险承受能力选择适合自己的基金，应该投入多少钱买基金，以及实现你的小目标需要多长时间。

● 认识收益——哪种基金最赚钱？

基金的种类非常繁杂，但投资者日常并非全部都能接触到。本节重点讲解平常我们能很方便地买到的场外公募基金。

基金的本质是把投资者的钱放到一起，然后去买各种资产，投资者能赚多少钱，主要看这只基金买的是什么。根据投资对象划分，基金可以分为股票基金、债券基金、混合基金和货币基金四种类型。

顾名思义，股票基金会用 80% 以上的资金来买股票；债券基金用 80% 以上的资金买债券；混合基金则既买股票又买债券；货币基金买的则是银行同业存款、央行票据、回购等安全性很高的资产。

通俗讲，可以把不同种类的基金看作里边装着不一样馅的“包子”——股票基金是肉包子，债券基金是素包子，混合基金则是荤素搭配，货币基金则是没馅但实在的大馒头。

另外，对于肉包子，有的是严格按照配方比例包的馅，这种叫被动基金。它是把某一个指数包含的一篮子股票全买进来，有什么买什么，像我们常听到的沪深 300 指数基金就属于这类。这种包子不管是谁做出来的，只要配方一样，口味就都是一样的。而有的肉包子则是厨师自己说了算，想放什么肉就放什么肉，想放多少就放多少，这种叫主动基金。这类基金的基金经理起着关键作用，选股能力很重要，也就是厨师的水平决定了包子好不好吃。

那么，说了这么多，各类基金的收益到底怎么样呢？哪种基金最赚钱？我们还是用历史数据说话，见表 1–2。

表 1–2　2011 年 1 月 1 日—2021 年 12 月 1 日不同类型的基金平均年化收益率

单位：%

基金类型	代表指数	平均年化收益率	最大回撤
货币基金	货币市场基金指数	2.97	-0.20
债券型基金	中长期纯债型基金指数	4.80	-3.86
混合基金（股债平衡）	平衡混合型基金指数	6.14	-30.54
股票型基金	普通股票型基金指数	11.96	-48.47

资料来源：Wind。

长期来看，股票型基金平均年化收益率在 12% 左右，债券型基金在 5% 左右，货币基金则在 3% 左右。

值得注意的是，任何收益都与风险呈正相关，表 1–2 最后一列，最大回撤指的是过去某一段时间内基金的最大跌幅。收益率最低的货币基金基本上没有明显的波动，非常安全；而收益率最高的股票基金则波动很大，属于高风险基金。

总体上，按照收益和风险的排名大体如下：

股票型基金 > 混合型基金 > 债券型基金 > 货币基金

参考各类基金的历史收益和风险，我们应构建一个大致理性的收益预期。有不少基民在投资初期会看不上这点收益，但多年下来，经历了市场的风风雨雨以后，大家都能慢慢体会到这平均十几个点的可贵。

● 风险适配——了解自己适合哪类基金

除了认清投资对象，更要认清自己。虽然股票型基金收益率最高，但并不是所有人都能承受背后的高风险；虽然货币基金波动最小最安全，但也不是所有人都需要。对投资者来说，没有哪种产品是完美的，只有适合与否。

接下来我们分三步来搞清楚自己到底适合什么样的基金。

第一步，摸清底线。

选择基金前首先要清楚自己的底线，知道自己到底能承受多大风险。

在雪球 App 上开通基金账户后，每个人都需要做一次专业的风险承受能力测试，测试结果会显示你属于哪种类型的投资者，以及适合买哪种类型的基金产品。比如，如果测试结果显示你属于稳健型投资者，那么你最好投资低风险、中低风险以及中风险的基金。

有些人天生就喜欢冒险，即便是本金遭受损失也能耐心等待；但有些人喜欢稳定安全，哪怕损失几百块钱，也会每天睡不着觉。根据自己的性格和风险承受能力选择适合自己的投资对象，不仅可以让投资者更安心，还能获得理想的收益。

此外，每个人处在不同的年龄阶段，能够用于投资的资金规模不同，投资时间长短不同，能承受的风险大小也不同。如果你还很年轻，本金积累不够多，但未来还有很多年去实现复利增长，那你就可以多考虑高收益的基金，时间长了自然会把高风险平滑掉。

而如果你现在是中年阶段，上有老下有小，那么你更应该做的是各类基金的组合配置，以高风险的股票型基金增厚收益，同时还需要增加稳健安全的债券基金和货币基金，来分散资产整体的风险。

第二步，确定收益目标。

风险与收益是共生关系，当你对自己的风险承受能力有认知之后，就会对能获得的收益有一个合理的期待。

如果你是极度的风险厌恶型投资者，只是希望收益能比银行存款利息略高一点的话，年化收益目标定在 3% 左右即可，比较适合波动最小的货币基金或者一些短债基金。

如果你的目的是跑赢通胀，那么收益目标可以设在 5%~6%，更适合中长期债券基金或者一些偏债混合基金。

如果你有比较强的风险承受能力且投资期限比较长，那么目标可以定高一点，在 10%~15%，就需要去配置股票型基金或者偏股混合基金。

当然，选择并不是唯一的，要想获得风险和收益的平衡，可以考虑构建自己的基金组合，后文第 6 章将着重介绍。

第三步，用闲钱投资。

闲钱就是短时间内不会用到的且属于自己的资金。用闲钱投资则是从源头上控制风险的一种方式，以免发生突发状况急需用钱而不得不赎回基金。投资的最佳状态是，在不影响现有生活质量的前提下，让自己的资产保值增值。比较科学的方式是拿手头闲钱的 1/3 来做投资。

此外，我们还要根据闲钱的可用时长投资不同类型的基金。在这里我们把可用时长分为三种情况。

情况一：随时要用的钱。如果你有一笔需要随时提取的钱，可以选择风险波动较小的货币基金。这类基金较稳健，不会因为投资的随时中断而对整体收益造成影响。短期的钱切忌跟随市场风向去做高风险投资，因为高波动产品是很难在短期内抹平高波动的。

情况二：中短期闲置的钱。这类资金可以选择偏债的混合基金，其回报和风险低于股票型基金，高于债券基金和货币基金，在市场波动下进可攻退可守，是稳健理财者的首选。

情况三：较长期可投资的钱。这类资金可以选择股票型基金，投资那些跟随时代红利的朝阳企业，享受时间带来的复利。当然，如果你的风险承受能力一般，也可以选择偏股型的混合基金，来降低资产的波动性。一般来说，持有时间较长能够消化一轮周期中的较大波动。

做时间的朋友——实现小目标需要多久？

不难看到，我们在讲所有的收益率的时候，都少不了一个前提——长期。在这一节的最后，我们来聊聊一直在说的长线投资是怎么回事，为什么要长线投资，长期和短期差别有多大，长线到底是多长。

首先，在复利效应下，时间能带来巨大的能量。

巴菲特的年化收益率在20%左右，单看这个数字好像也没有比我们上边说的股票型基金的平均年化收益率高很多，但是巴菲特投资50多年，他的资本积累已经从30岁时的近200万美元增长到了2022年的1180亿美元。

可见，要获得最大化复利的收益，一定要重视时间上的积累。

其次，短期择时难度极大，长线投资可以有效平滑风险。

不管是哪类基金，年化收益率只是一个平均值，并不代表买股票型基金每年都能赚12%，或者买债券型基金每年都能赚5%。

拿股票型基金来说，在2011年、2016年和2018年，同类基金当年的平均收益率不仅没有12%，甚至都是负的。也就是说，如果你在那3个年份的年初买入并在年末卖出一只股基的话，一年下来大概率不但赚不到钱，还会亏损10%以上。而如果你能够从2011年到现在一直持有10年的话，就能稳稳当当地获得大概12%的收益。所以，长期持有基金能够平滑市场短期的阶段性波动，也就是把风险抹掉了。

肯定也有人会说，在2015年和2019年，股基历史年化收益率都超过了47%，

2020 年更是有接近 60% 的收益率（见图 1–3），为什么还要拿 10 年去赚 12% 的收益呢？

问题的关键在于，择时对于绝大多数人来说都是非常困难的一件事。没有谁能保证一定可以踩准时点在大涨之前进场，在大跌之前退场，甚至多数人都是在市场低位时因为恐惧不敢有所作为，而在市场高位时却疯狂买入。所以在基金投资中，尽量别折腾，折腾越频繁，上错车的概率越大！放弃择时才是明智之举。

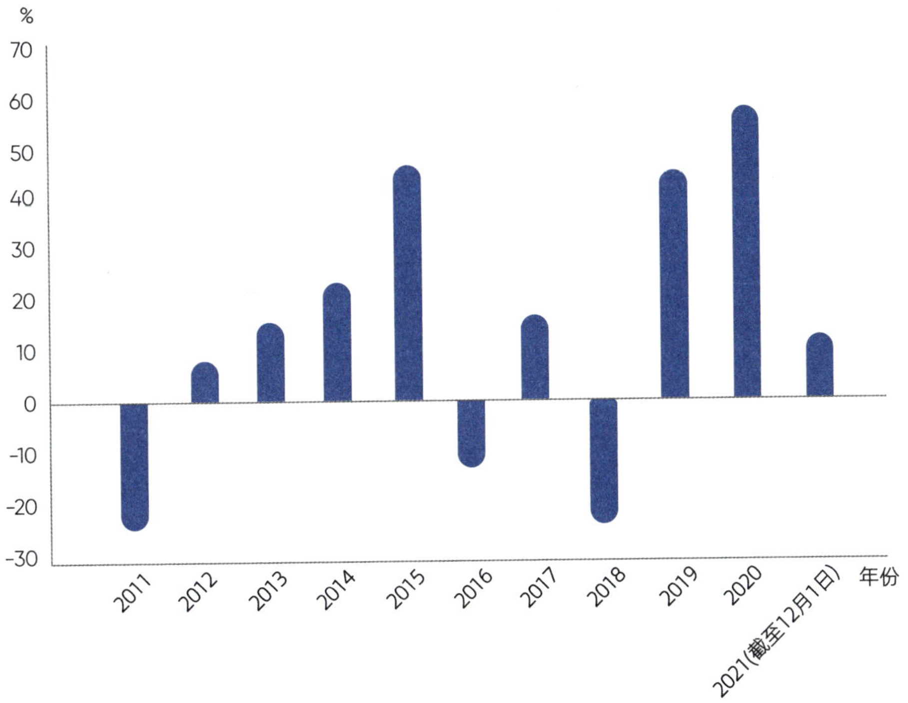

图 1–3　2011 年 1 月 1 日—2021 年 12 月 1 日股票型基金历史年化收益率

资料来源：Wind。

从图 1–3 我们也可以看出来，连续大涨其实是在透支未来，而连续下跌之后则更容易向上回归。所以短期赚快钱不确定性极高，我们更应该通过长期持有来获得持续的、有安全感的收益。

最后，我们要实现收益目标，需要多长时间呢？

财富滚雪球，不仅需要湿的雪、长的坡，还要给雪球足够的滚动时间。我们一般可以用“72 法则”来做复利的粗略计算，知道年化收益率就可以计算大约需要多少年你的本金会翻倍。

举例来说，如果年化收益率是 12%，那么大概需要 72/12 也就是 6 年就可以实现资产翻倍。

重点提醒，长线投资不等于永远拿着不卖，至于该如何选择合适的卖点，我们会在第 7 章具体讨论。

读到这里，希望你已经清楚了买基金能不能赚钱、能赚多少钱这两个问题的答案。接下来我们将围绕怎么选、怎么买才能赚到钱展开来讲。

看重稳健理财，选固收基金

第2章

固收 + 基金并不是新的产品类型，它的本质就是混合基金。固收 + 基金以收益稳定、风险低的债券作为基石，为基金获取稳定的收益，可以说是基金的“盾”；“+”的这部分则是基金在控制波动的前提下，通过配置股票、可转债、衍生品等风险更高的资产，增厚基金的收益，可以说是基金的“矛”。

为什么固收类基金最适合做你的入门款？

不少刚接触基金的基民都会不知不觉陷入一个误区，认为基金等同于股票，股市一震荡，连基金都不敢买了。

我们在第 1 章提到，基金有很多种类，不仅有股票型基金，还有债券型基金、混合型基金等，其中债券基金以及偏债混合基金通常被归为固收类基金。让我们先来感受一下这类基金的风险和收益，见表 2–1。

表 2–1　固收类基金的收益及波动　　单位：%

产品分类	类型	股票仓位	风险等级	近 10 年年化收益率	近 10 年年化波动率	近 10 年最大回撤
纯债基金	短期纯债基金	0	中低风险	4.0	0.50	–1.20
	中长期纯债基金	0	中低风险	5.0	1.10	–3.30
固收 + 基金	一级债基	0~20	中低风险	6.1	2.30	–4.50
	二级债基	0~20	中低风险	7.3	5.30	–12.00
	偏债混合基金	通常 20~30	中风险	7.9	3.90	–8.20
上证指数				5.3	20.90	–52.30
中证全债指数				4.7	1.30	–4.30

资料来源：华夏基金。
注：统计日期为 2012 年 1 月 1 日—2021 年 12 月 31 日。

不难发现，纯债基金和固收类基金的波动非常小，年化收益率在 4%~8%，能给我们带来很好的持有体验。

但实际情况是，这类基金很容易被忽视，很多投资者总想着“搏一搏，单车变摩托”，瞧不上固收基金“这点”收益，而专业的机构投资者却恰好相反。根据 2021 年所有基金的年报数据，从持有人结构来看，债券型基金超过 80% 是由机构投资者持有，也就是说相较于个人投资者，专业投资者更爱买固收类基金。这也不难理解，机构具有更强的风险意识，而且他们的资金体量大、持有的时间更久，追求长期稳健的收益。

总体来看，固收类基金波动性较低，你可以很容易做到一直拿着它，进而享受时间带来的复利。此外，债券与股票关联性较低，一般不会同涨同跌，如果遇上股市大跌，固收基金的配置可以使回撤最小化，从而为你攒下更多的子弹，让你走得更稳更远。

● 固收基金：稳健理财好去处

我们先了解下固收基金的底层资产——债券。

很多人有过找朋友借钱的经历，为了让朋友放心，我们在借钱时都会写一张借条约定多久后还钱。其实债券就和借条差不多，只不过只有国家、银行、企业等才能发行债券，个人是无法发行的。

让我们通过两个例子进一步了解下债券。2021 年 8 月，北京市政府为了改善村民居住条件和生活环境，发行了 13 亿元的债券，期限为 3 年，利率为 2.83%，按年付息。买了这个债券的人相当于把钱借给了北京市政府，这个“券”相当于北京市政府给我们打的借条，并且和我们约定好每张债券每年都给我们 2.83 元的利息作为占用资金的补偿，3 年后归还本金。

再看一个恒大的例子，2021 年 4 月，恒大地产发行了 82 亿元的债券，期限为 5 年，利率为 7%。那么为什么这个债券的利率能达到 7%，而上面提到的债券利率仅有2.83%呢？这是因为上面那张债券的发行人是地方政府，政府不还钱的概率非常小，而恒大地产的发行人是企业，在企业经营出现困难时是有违约风险的。我们承担的风险高了，自然需要多给我们一些补偿，我们才会愿意去买这类风险高一些的债券。由此可以看出，债券的风险越高，收益率就会越高。

还有一种比较特殊的债券叫作可转换公司债券，简称可转债，它同时具有股票和债券的性质。举个例子，某上市公司发行了面值 100 元的可转债，规定半年时间后投资者可以以 10 元 / 股的价格将债券换成股票。那么在约定的转股期限内，不管股价涨到 20 元还是 30 元，你都可以按照 10 元 / 股的价格把手上的债券换成股票。如果你觉得换股票不合适，也可以继续拿着债券，到期后公司会还本付息。

不过，可转债具有结构复杂、市场波动大等特点，其价格会受到正股的价格影响，而且相比 A 股 T+1 的交易制度，可转债是 T+0 的交易制度，上市首日为 57.3% 和 –43.3% 涨跌幅机制，上市次日起涨跌幅限制在 20% 内。因此可转债的风险一点不亚于股票，并不适合我们普通投资者。

如果一只基金买的全部都是债券，那它就是纯债基金；如果一只基金以债券打底，同时配置一部分股票资产，那它就是固收 + 基金。

固收 + 基金并不是新的产品类型，它的本质就是混合基金。固收 + 基金以收益稳定、风险低的债券作为基石，为基金获取稳定的收益，可以说是基金的“盾”；“+”的这部分则是基金在控制波动的前提下，通过配置股票、可转债、衍生品等风险更高的资产，增厚基金的收益，可以说是基金的“矛”。

后面两节我们将教给大家具体挑选固收基金的方法。此外，雪球基金也为大家精选了部分此类基金产品，打开雪球 App，找到基金页当中的“稳健理财”即可看到。

货币基金：零钱管理小帮手

如果你对收益要求很低，且无法接受一点波动，那么还有一类基金供你选择，就是货币基金。

货币基金的代表当属余额宝了。当年余额宝靠着高收益率、当天赎回当天到账等优势成为普通人管理零钱的工具，后来“现金宝”“零钱宝”等各种“宝宝类”货币基金层出不穷。那么货币基金究竟是什么样的产品呢？

顾名思义，货币基金就是投向货币市场工具的一种基金，这些工具期限短、流动性强，而且几乎没有信用风险，亏损概率极低。

既然这些工具这么好，为什么我们不能自己购买，而是要买货币基金呢？这是因为货币市场的单笔交易金额巨大，参与者都是机构，普通人无法参与其中。货币基金则为我们普通人与机构之间搭建了桥梁，它汇集普通投资者的资金，让我们以大玩家的身份出现在货币市场中，进行一对一的价格协商并购买上面提到的各种工具。

那么如何挑选货币基金呢？我们最需要了解的就是“万份收益”以及“7 日年化”两个概念。“万份收益”代表投资 1 万元在当天能获得的收益，“7 日年化”则是根据过去 7 天的平均收益水平折合的年化收益。对于普通投资者而言，“万份收益”才是我们当天的实际收益，更具有参考价值。“7 日年化”是过去 7 天盈利的均值，过去收益率高不能代表未来也高，我们更应该关注该收益率的稳定性。

此外，我们在选择货币基金时要选择规模适中的产品。首先，因为货币市场工具的交易是一对一的，规模越大谈判时就越有优势，收益也就越高；其次，规模小的基金如果遇到大额赎回可能会产生流动性风险，因此在赎回上会有较多限制。但基金规模也不是越大越好，过大的规模会增加资产配置的难度，最终影响收益。比如 2022 年 7 月，余额宝的规模已经有 7000 多亿元，万份收益仅有 0.4

元左右，7 日年化也仅有 1.49%。

货币基金让你的每一分钱都生钱，是零钱管理的好帮手。由于货币基金产品差距不大，不建议大家花太多时间选择这类产品。雪球精选了两只货币基金产品作为“现金宝”，把钱放在“现金宝”不仅能有收益，而且购买其他基金时还可以选择用“现金宝”支付，非常方便。

● 公募 REITs：1000 元就能当包租婆

最后我们再介绍一种“类固收基金”——公募 REITs。

很多人都有当包租婆的梦想，但是买房的门槛较高，并不适合所有人。自从公募 REITs 发行后，这个梦想就很好实现了，只需要花 1000 元认购公募 REITs 就能体验包租婆的生活了。

REITs 的中文名叫不动产投资信托基金，与前文讲的股票基金、债券基金类似，只不过 REITs 投资的不是股票和债券，而是高速公路、产业园区这样的不动产。以 2021 年 12 月 3 日成立的建信中关村 REIT 举例，这只基金投向的 3 栋楼位于国内最知名的产业园区——中关村，基金的收入就来自这 3 栋楼的物业租金以及车位租赁收入。买了这款基金，你就妥妥实现了包租婆的梦想。

公募 REITs 投向的都是类似中关村产业园区这样成熟优质、运营稳定的基础设施项目，因此公募 REITs 能获得稳定的现金流。公募 REITs 还有强制分红的要求，即收益分配比例不低于合并后基金年度可供分配金额的 90%，这些都使得公募 REITs 看起来像个固收产品。

要注意的是，公募 REITs 是一种封闭基金，而且封闭期都在 20 年到 99 年不等。如果认购后想要卖出，只能在二级市场上卖出。同样，如果错过了认购期，想要买入 REITs，也只能通过二级市场买入了。

但是目前公募 REITs“僧多粥少”，在二级市场上买入可能会有很高的溢价。比如富国首创水务 REIT，溢价率曾一度高达 60%，远远偏离了净值。如果在溢价偏高时买入，一旦溢价回落，会有亏损的可能。因此经验不丰富的投资者尽量参与 REITs 的打新，也就是新基金的认购，而不是直接在二级市场上买入。

总结一下我们这一小节的内容：固收基金收益风险均小于股票型基金，是新手的理财神器；货币基金流动性强风险最低，是我们零钱管理的小帮手；公募 REITs 强制分红，但封闭期长，要理性对待。

如何找到优秀的纯债基金？

截至 2022 年 5 月末，我国公募基金市场上共有 1947 只债券基金，接近 4.5 万亿元的市场规模，在所有基金中，规模占比在 17% 左右。

这一节就详细介绍下纯债基金，让你对纯债基金的收益、风险都有更清晰的认知，并教会你如何从众多债券基金中挑出优秀的、靠谱的纯债基金。

● 纯债基金的净值为何有波动？

前文我们说到过，纯债基金就是只能投资于债券的基金，不能投资股票等权益类资产。既然都不能配置股票了，为什么纯债基金的净值还会波动呢？

这是因为债券在交易中的价格会不断变动，所以基金的净值每天也在变化着。造成债券交易价格波动的原因有很多，利率是其中最常见的。

市场利率和债券价格是反向关系，当市场利率上升时，债券价格就会下降；相反，当市场利率下降时，债券价格就会上升。

这其实很好理解，假设 1 年前市场利率 3%，你买了一张面值为 100 元、票面利率为 3% 的债券。现在市场利率涨到 4% 了，市场上卖的都是利率 4% 的债券，大家肯定都愿意买利息高的债券。你要是想把原先 3% 利率的债券卖给别人，是不是得打个折，别人才愿意买呢？所以说，债券价格和市场利率是反向关系。

影响债券价格波动的另一个主要因素就是债券违约，通俗讲就是借款人可能还不上钱了。一旦发生这样的情况，债券就毫无价值可言了，“踩雷”这种债券的纯债基金，净值自然也会下跌。不过，只要我们认真挑选基金，是可以规避这种情况的。

总的来说，债券基金的短期波动都是正常的。从过去 10 年短期纯债型基金指数和中长期纯债型基金指数来看（见图 2-1），纯债基金业绩走势是非常稳健的，适合我们长期持有。

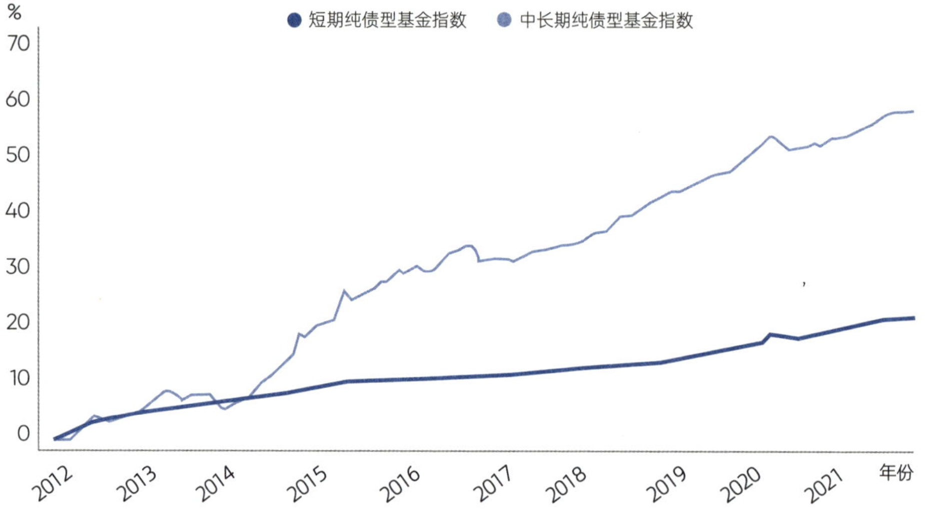

图 2-1　短期和中长期纯债型基金指数走势

资料来源：Wind。

该选短期还是中长期纯债基金？

根据债券的到期期限，纯债基金又可以分为短期纯债基金和中长期纯债基金。短期纯债基金投向于到期期限 1 年内的债券，中长期纯债基金主要配置于到期期限超过 1 年的债券。这两种类型的基金很好辨认，一般名字里带“短债”两字的，就是短期纯债基金。否则，就是长期纯债基金。

短期纯债基金投向的都是还款期限短的债券，因此流动性比中长期纯债基金好，风险比中长期纯债基金小。就跟别人向我们借钱打借条一样，借的时间越短，我们越能早早地收回本息，风险就越低。

一般来说，风险越高，收益越高。长债基金长期平均年化收益率在 5%~6%，而短债基金长期平均年化收益率在 3%~4%。

虽然纯债基金比较稳健，但是短期也会有波动的。根据统计，短期纯债型基金指数持有 1 个月、3 个月、1 年取得正收益的比例分别为 85%、93%、100%；中长期纯债型基金指数持有 1 个月、3 个月、1 年取得正收益的比例分别为 77%、89%、100%。因此，债券基金更适合长期持有。

那么，什么时候选择短期纯债基金，什么时候选择中长期纯债基金呢？有一个技巧，就是看当前的市场利率，**市场利率低就选短期纯债基金，市场利率高就选中长期纯债基金。**

因为当利率处于高位时，未来下降的概率更大。一旦利率下降，债券的价格就会上升，债券基金的收益率也随之上涨。而长期债券对利率更敏感，因此涨得会比短期债券更高，所以利率高时就适合投资长期债券；反过来，当利率处于低位时，更适合投资短期债券。

对于利率的判断，大家可以参考十年期国债收益率。我国十年期国债收益率的中枢在 3.5% 左右。当十年期国债位于 3.5% 以上时，利率在高位，下行空间大，适合投资中长期债券，反之则投资短期债券基金。

选择纯债基金的“四原则”

1. 选择固收“大厂”的基金

固收“大厂”能够保证投研方面的开支，从而选出优秀的债券。据统计，13 家固定收益类大型基金公司在 2012—2021 年的平均收益率为 96.49%，而 10 家中型公司和 51 家小型公司在此期间的平均收益率分别为 90.06%、85.82%。可以看到，固收“大厂”的收益率存在明显的优势。

而且固收“大厂”更爱惜自己的羽毛，在投资债券时不会因为高收益而牺牲安全性，更多的是考虑控制风险。因此，大家可以优先选择固收“大厂”的基金，能给你更好的持有体验。

2. 选择靠谱的基金经理

债市的特点就是 3 年一轮回，“牛一年、皮一年、熊一年”，因此我们应选择经历过完整周期，也就是时间在 3 年以上的基金经理和基金产品。如果一只纯债基金在债券熊市都能有正收益或者收益在同类产品中排名靠前，那绝对是纯债基金中的“战斗基”了。

另外要注意的是，债券最怕的就是违约，一旦违约就是巨大损失，不会像股票一样跌了还能涨回来。如图 2–2 中的债券基金，重仓了多只地产债，而地产行业受到大环境影响，现金流吃紧，导致还债能力出现了问题，这只基金的净值也出现断崖式下跌。

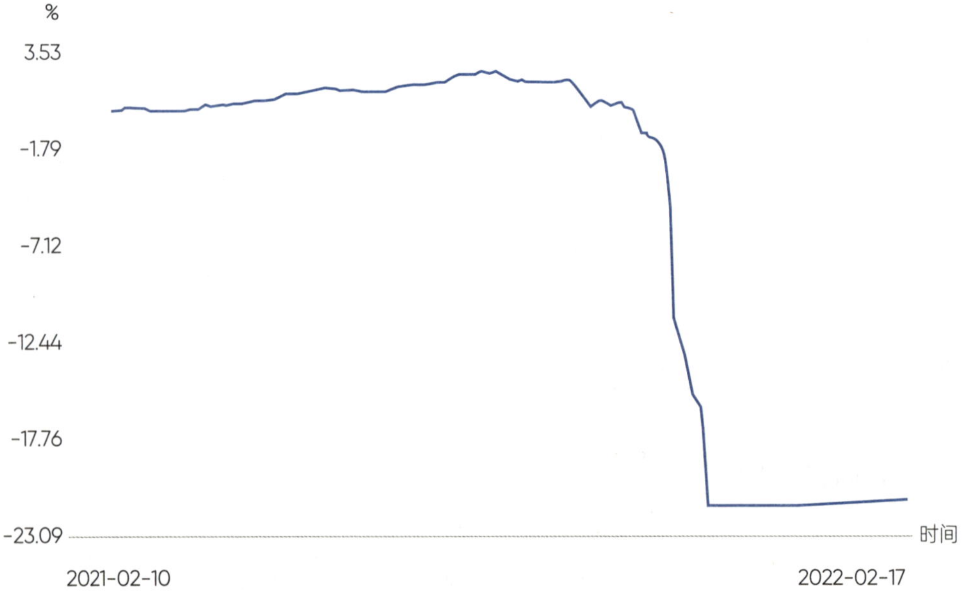

图 2–2　踩雷违约债券的基金净值走势

资料来源：雪球 App。

所以我们在投资前，可以查一下基金产品和基金经理有没有重仓过暴雷债券的历史。如果有的话，我们就可以直接绕过了。

3. 选择持仓分散的基金

对于纯债基金，我们尽量选择持仓分散的产品。这样即使有一只债券出现问题，对整只基金的影响也不会太大。大家可以通过雪球 App 查看基金的持仓情况，并结合基金的前五大重仓债券，综合判断基金的风险。

一般来说，单只债券的仓位在 5% 以上时风险就比较高了，万一暴雷会对基金净值造成巨大影响。我们仍以图 2-2 中那只踩雷的基金为例，它的前五大持仓中每只债券占比都在 5% 以上，而且其中“20 宝龙 02”“20 华远地产 MTN001”“20 时代 09”“20 津保 Y3”均属于信用债，并集中在地产行业（见表 2-2）。当地产行业出现问题时，地产公司现金流吃紧，无法偿还债务，便会引起债券价格暴跌。重仓了这些债券的基金，净值自然也就大幅下跌。

表 2-2　某债券基金前五大重仓债券

序号	债券代码	债券名称	占净值比例（%）
1	149066	20 宝龙 02	7.67
2	190207	19 国开 07	6.98
3	102001394	20 华远地产 MTN001	6.92
4	163722	20 时代 09	6.84
5	163777	20 津保 Y3	6.84
合计			35.25

资料来源：基金季报。

因此，我们要结合每只债券的仓位和它的性质一起分析。如果其前五大重仓均是信用债，仓位和行业都比较集中，应及时回避。

4. 获权威机构认可的基金

我们在选择纯债基金时，可以关注获得一些奖项的基金，一般这种基金长期业绩稳定、波动小，而且有权威机构的认可，风险小很多。

目前基金圈最出名的两个基金奖项就是金牛奖和晨星奖。金牛奖创立于2004年，由中国证券报社主办。因为金牛奖的评选非常客观、权威、严谨，所以被誉为我国基金行业的“奥斯卡”奖。

晨星是国际基金评级的权威机构，晨星奖的评价标准极其严格，每年都会有数千只基金参选，但最终每个细分奖项只有一只基金胜出，因此被称为基金界的“诺贝尔奖”。

我们也整理了2021年获得金牛奖和晨星奖的纯债基金，供大家参考，见表2-3。

表 2-3　2021 年度获金牛奖、晨星奖的纯债基金

代码	名称	奖项类别	奖项详细名称	任职期限最长的现任基金经理	任职年化（%）
000286.OF	银华信用季季红债券 A	金牛奖	五年期开放式债券型持续优胜金牛基金	李丹	4.36
000345.OF	鹏华丰融定期开放债券	金牛奖	三年期开放式债券型持续优胜金牛基金	刘涛	7.88
000415.OF	大摩添利 18 个月开放债券 A	金牛奖	五年期开放式债券型持续优胜金牛基金	李轶	6.52
004544.OF	嘉实稳华纯债债券 A	金牛奖	三年期开放式债券型持续优胜金牛基金	王亚洲	4.54
050027.OF	博时信用债纯债债券 A	金牛奖	五年期开放式债券型持续优胜金牛基金	张李陵	4.27
160128.OF	南方金利定期开放债券 (LOF) A	金牛奖	三年期开放式债券型持续优胜金牛基金	李璇	6.33

续表

代码	名称	奖项类别	奖项详细名称	任职期限最长的现任基金经理	任职年化（%）
217022.OF	招商产业债券 A	金牛奖	七年期开放式债券型持续优胜金牛基金	马龙	6.18
519152.OF	新华纯债添利债券发起 A	金牛奖	七年期开放式债券型持续优胜金牛基金	曹巍浩	2.4
675111.OF	西部利得汇享债券 A	金牛奖	三年期开放式债券型持续优胜金牛基金	严志勇	6.89
003547.OF	鹏华丰禄债券	晨星奖	纯债型	刘涛	6.43

资料来源：Wind。
注：代码后缀 OF 指 Out-the-Counter Fund，即场外交易基金；数据截至 2021 年 12 月 31 日。

案例分析

我们选取了表 2–3 中最为知名的两只基金——鹏华丰禄债券和招商产业债券 A 进行案例分析，帮助大家更好地了解如何分析一只纯债基金。

1. 鹏华丰禄——金牛、晨星双奖加持的纯债基金

鹏华丰禄债券成立于 2016 年 10 月 27 日，现任基金经理刘涛从 2016 年 11 月 17 日开始管理，创造了年年正收益、任职年化 6.43% 的业绩。

从图 2–3 可以看到，这只纯债基金的业绩走势非常平稳，上市以来最大回撤仅为 –0.69%，一点也看不出曾经历过债券熊市。

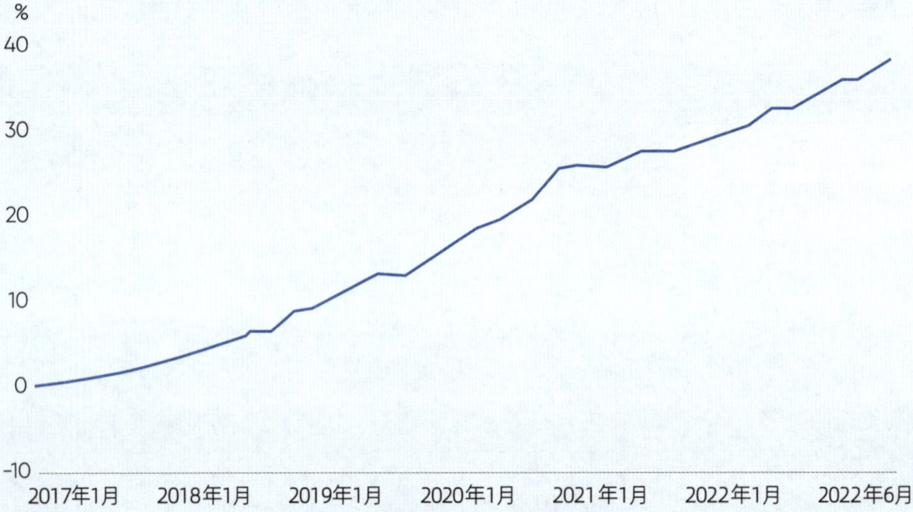

图 2–3　鹏华丰禄债券业绩走势

资料来源：Wind。

从这只基金的债券仓位来看，自建仓以来一直保持了较高的仓位水平，大部分时候债券占基金资产净值的比例都是超过 100% 的，这说明基金经理在债券上使用了杠杆。加杠杆的意思就是基金经理可以把买来的债券质押给相应的金融机构，从而获得资金，再买入更多的债券，以此获得更高的收益。

这只基金配置的债券主要是高等级信用债。前文提到信用债容易暴雷，所以建议大家尽量选择固收“大厂”的产品，因为他们在投研上投入多、专业性强。一般来说，固收信用研究团队在 10 人以内，但鹏华基金的信用研究团队由 21 名经验丰富的研究员组成，能更大程度上保证基金的安全性。

从最新一期基金季报来看，这只基金的前五大重仓债券的仓位都在 3% 以下（见表 2-4），而且其中的“21 国开 06”“22 国开 01”属于国家开发银行发行的利率债，基本上没有风险。另外 3 只债券“21 青岛国信 MTN003”“17 象屿股份 MTN001”“22 天投可续期 01”的发行人均属于地方国企，而且评级都为 AAA，整体看来风险很低。

表 2-4 鹏华丰禄基金前五大重仓债券

债券代码	债券名称	占基金资产净值比例（%）
102103188	21 青岛国信 MTN003	2.91
101754018	17 象屿股份 MTN001	2.85
210206	21 国开 06	2.58
220201	22 国开 01	2.53
2280006	22 天投可续期 01	2.17
	合计	13.04

资料来源：基金季报。

正是这只基金的业绩、回撤等各方面都得到了市场的认同，才能同时拥有金牛奖和晨星奖。

但是由于用户购买热情较高，这只基金频频被买爆，不得已长期限购 100 元 / 天，大家只能通过定投的方式去投资了。

2. 招商产业债——六届金牛奖得主

招商产业债成立于 2012 年 3 月，现任基金经理马龙从 2015 年 4 月 1 日管理至今。

在马龙管理期间，该基金年年都是正收益，目前任职年化收益率达到 6.18%。

如图 2–4 所示，优秀的基金在走势上总是如出一辙，招商产业债与鹏华丰禄都做到了长期收益又好又稳。自马龙管理以来，这只基金的最大回撤为 –1.54%，比鹏华丰禄的回撤略微大了一点。

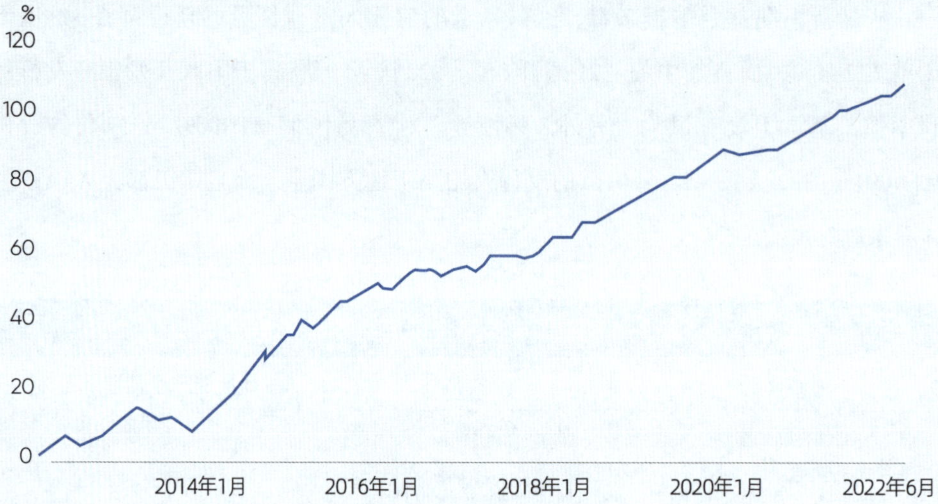

图 2–4　招商产业债业绩走势

资料来源：Wind。

这只基金同样保持着比较高的仓位，大部分时候债券的仓位都在 100% 以上，即通过杠杆来提高基金的收益率。虽然这只基金并没有股票，但是一直有配可转债，只不过仓位都比较小，风险并不高。

这只基金的前五大重仓债券的仓位是比较重的，如表 2–5 所示，第一只债券占比超过了 7%，第二只债券的占比接近 5%。虽然仓位比较集中，但是可以看到持仓的债券均是银行的永续债，可以说风险相对比较小。

基金经理马龙可谓是相当优秀，他获得的荣誉包括 6 次金牛奖，还有晨星奖、明星基金奖、金基金奖、英华奖等多项大奖，号称“固收大满贯”。

表 2-5 招商产业债前五大重仓债券

债券代码	债券名称	占基金资产净值比例（%）
2028051	20 浦发银行永续债	7.16
2028037	20 光大银行永续债	4.38
2028042	20 兴业银行永续债	3.62
2128019	21 中国银行永续债 01	3.53
2128011	21 邮储银行永续债 01	2.72

资料来源：基金季报。

总结一下，债券基金长期收益稳健，能带给你更好的持有体验。配置债券基金时，可以根据市场利率判断买短期还是中长期。市场利率低就选短期债基，市场利率高就选中长期债基。此外，挑选纯债基金时最好选择固收“大厂”的产品，而且该产品的基金经理应当经历过债券牛熊，持仓最好分散些，如果获得过金牛奖或晨星奖就更好了。

固收 + 基金，银行理财的绝佳替代品

历经 3 年多的过渡期，资管新规在 2022 年 1 月 1 日起正式实施。如果用一句话总结资管新规的要求，那就是银行理财不得保本保息，不得刚性兑付，真正实现“卖者尽责，买者自负”。

这意味着投资者不再像以前一样，买了银行理财就能拿到预期收益，而是要自行承担损失，账户上的钱每日都会随着行情变化，可能有收益，也可能有亏损。

虽然银行理财净值化历经了 3 年多的过渡期，但投资者并没有真正理解这项规定的含义，也没有做好思想准备。2022 年初，银行理财亏损的消息频频上热搜，更是有投资者因浮亏 1000 元晕倒在地。

银行理财的收益率本来就在逐年下降，年化收益率从过去的 6%~7% 下降到如今的 3%~4%，现在连本金都无法保证了。面对这样的银行理财，真的是下不去手。好在市场上还存在一种可以替代银行理财的基金——固收 + 基金，下面就给大家详细介绍下。

● 固收 + 基金，进可攻、退可守的混合基金

我们上一节提到，固收 + 基金以债券资产为盾，以权益资产为矛，可谓进可攻、退可守。一般来说，固收 + 基金的年化收益率能够达到 8% 左右，中长期纯债基金的年化收益率在 5%~6%。

那么为什么普通人更适合买固收 + 基金，而不是银行理财呢？

首先，公募基金深耕市场多年，拥有非常丰富的产品线，涉及权益、债券等多种类型，因此在大类资产配置上都有很强的投研能力。相反，银行理财客户的风险偏好较低，所以银行理财的投研集中在固收上，权益类资产的投研能力有限，远远不及公募基金。这意味着，公募基金完全可以根据不同的行情进行大类资产配置，做出波动更低、收益更稳健、更适合普通人的产品。

其次，证监会对公募基金的信息披露有非常严格的要求，每个季度都要出一份基金季报，还有半年报、年报，1 年下来足足有六份报告。报告要对基金的净值、投资标的、前十大重仓股票等信息进行详细披露，帮助投资者更好地了解自己投资的基金。而银行理财并没有强制性的规定，因此信息披露并不充分，也不及时，这点对投资者来说并不友好。

最后，从流动性角度来说，银行理财一般都有封闭期，少则 30 天，多则 1 年以上。而公募基金以开放式基金为主，可以随时申购、赎回，一般赎回 2~3 个工作日就可以收到钱，流动性远远好于银行理财。

既然银行理财已经无法保本了，为什么不去买风险差不多，但收益可能更高的固收 + 基金呢？而且固收 + 基金还具备了信息透明、流动性好、性价比更高的特点，可以说是银行理财的绝佳替代品，更适合大众投资。

不过要注意的是，固收 + 基金的持仓添加了股票、可转债、金融衍生品等高风险资产，短期也有亏损的可能。高风险资产配置得越多，基金的风险就越大，投资者一定要谨慎挑选。

下面我们就带领大家挑选适合自己的固收 + 基金。

如何选择适合自己的固收 + 基金?

1. 根据股债比例分辨风险

固收 + 基金在股债比例上并没有统一的要求，最常见的固收 + 基金股票仓位在 20% 以内，但是也有很多基金为了博取比较高的收益会配置 30%，甚至 40% 的股票。

股票配置得越多，风险就会越大，因此我们在投资前要看一下这只基金过往投了多少比例在股票上，以此判断基金的风险。在雪球 App 上，“基金持仓”为我们显示了股票以及债券占比，可以根据比例判断其风险。

还有一点要注意的是，债券的仓位多不代表风险就低。我们在前文提到过可转债，不少固收 + 基金都会通过它来增强收益。可转债虽然属于债券，但是价格变动会受到股票的影响，而且波动较大。可转债占比较大的基金，我们需要警惕风险。可转债的仓位，我们可以通过基金报告查看。

2. 选择经验丰富的基金经理

固收 + 基金对于基金经理的要求非常高，因为它既投资债券又投资股票、可转债等高风险资产，这就要求基金经理既熟悉债市，又熟悉股市，并且还能根据市场行情调整股债的比例。债市的周期大概是 3 年，而股市经历一次牛熊市为 5~7 年，因此我们应尽量选择在固收 + 基金领域有 5 年以上投资经验的基金经理。这样的基金经理经历过股市和债市的牛熊，能更好地抵御市场的各种风浪。

我们还要观察基金经理的长期业绩，以此判断基金经理的投资能力。不过提醒你，在观察其历史业绩时不仅要看近 3 年、近 5 年这样的大区间，还要结合每一年的收益情况一起考察。尤其是看一下他们在过往的熊市中表现如何，看看基金在熊市中是否抗跌。

3. 选择长期收益好、回撤小的基金

我们投资固收 + 基金的目标是“不求短期领先，但求长期回报”，所以挑选固收 + 基金时要找收益好同时波动较小的。这样的基金每年都有比较稳定的收益，持有体验好。

我们可以用最大回撤这个指标辅助判断基金的波动情况。回撤，可以简单理解为基金的亏损幅度。而最大回撤，就是指某基金在一个时间段内产生的最大亏损。一般来说最大回撤越小，基金越抗跌，持有体验就越好。

在雪球 App 上，任意打开一只基金页面（见图 2–5），就可以看到基金的业绩表现和最大回撤，方便我们做判断。

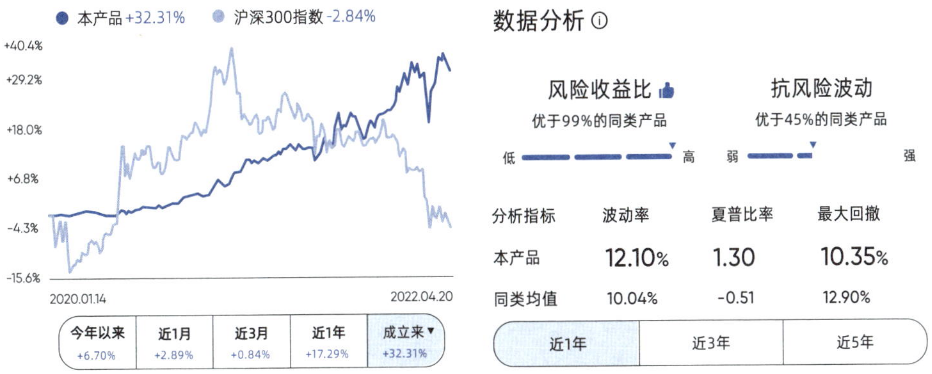

图 2–5 某基金业绩表现和风险情况

资料来源：雪球 App。

案例分析

按照（1）基金经理工作与基金成立均超过5年；（2）近5年股票仓位20%以内、可转债仓位40%以内；（3）成立以来最大回撤低于10%这3个条件进行筛选，并按照近5年年化收益率进行排序，我们选出了排名前10的固收+基金（见表2-6），供读者朋友参考。

表2-6 固收+基金筛选结果 单位：%

证券代码	证券名称	基金经理（现任）	近5年年化收益率	成立以来最大回撤
002351.OF	易方达裕祥回报债券	王晓晨、林虎	11.27	-6.04
002057.OF	中银新机遇混合A	苗婷	9.55	-4.65
002502.OF	中银腾利混合A	苗婷	8.85	-4.87
000171.OF	易方达裕丰回报债券	张清华、张雅君	8.63	-8.75
420102.OF	天弘永利债券B	姜晓丽、张寓、杜广、赵鼎龙	8.13	-5.96
110017.OF	易方达增强回报债券A	王晓晨	8.02	-6.93
002969.OF	易方达丰和债券	张清华	7.96	-4.99
420009.OF	天弘安康颐养混合A	姜晓丽、于洋、王华、王昌俊	7.80	-8.82
001316.OF	安信稳健增值混合A	张翼飞、李君	7.69	-3.37
004442.OF	中欧康裕混合A	黄华、蒋雯文	7.46	-3.23

资料来源：Wind。
注：数据截至2021年12月31日；代码后缀OF指Out-the-Counter Fund，即场外交易基金。

其中张翼飞和李君共同管理的“安信稳健增值混合A”是唯一一只连续27个季度实现正收益的固收+基金；王晓晨管理的“易方达增强回报债券A”是2019至2021年3年利润排名第一的一级债基。下面就以这两只基金为例，带大家一起分析。

1. 连续27个季度正收益，这只基金是怎么做到的？

安信稳健增值混合A成立于2015年5月25日，一直由张翼飞管理至今，是张翼飞的代表作品。该产品虽然是一只固收 + 基金，但是每年都有正的收益，所以长期下来累计收益近 60%（见图 2–6）。

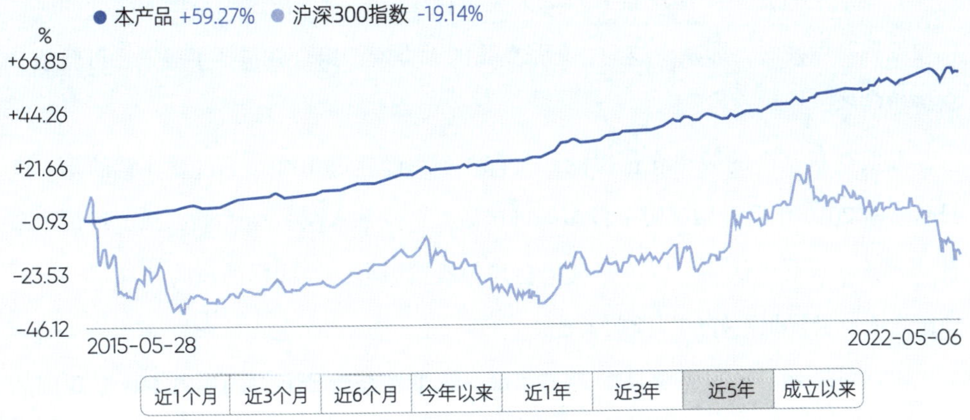

图 2–6　安信稳健增值混合 A 业绩走势

资料来源：雪球 App。

而且这只基金成立以来最大回撤仅有 3.37%，远远低于同类均值的 25.84%（见图 2–7）。无论从风险收益比还是抗风险波动来看，这只基金的表现都远远优于同类产品。

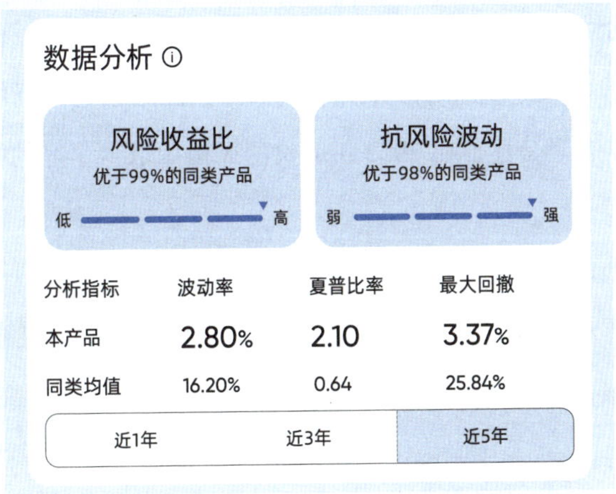

图 2–7　安信稳健增值混合 A 业绩表现和风险情况

资料来源：雪球 App。

那么张翼飞是如何做到长期收益稳健的呢？张翼飞认为：“一只优秀的固收 + 产品，本质上就是一个简单且有效的大类资产配置组合，在为收益做加法的同时，就要给风险做减法，即减少波动。”张翼飞的大类资产组合就包括了股票、可转债、高等级债券。

其实这只基金的股票仓位很低，仅有 3 个季度超过 10%。不过要注意的是，这只基金从 2019 年后开始配置了较多的可转债，仓位基本在 30% 左右，以此增加了基金的收益。张翼飞认为，以可转债组合代替股票组合，在同样的风险预算下，可转债组合有机会提供更好的风险收益比。

除了可转债，这只基金还配置了大量的政策性金融债，它的发行主体是我国的政策性银行（国家开发银行、中国农业发展银行、中国进出口银行），信用风险极低，主要受利率波动的影响。

在股票的投资上，张翼飞坚持在合理的估值范围做好配置。无论是成长企业还是传统行业中的优质企业，只要价格足够便宜都会考虑。

从前十大重仓股来看，张翼飞的重仓股主要是地产、煤炭、金融等板块。但是 2019 年第四季度，基金也重仓了宁德时代、隆基股份，不过那时这两只股票的估值仍然较低，符合张翼飞的投资原则，之后的事情大家都知道了，这两只股票成了 2020—2021 年的大牛股。即使这两年成长股当道，但是张翼飞仍然坚持着自己的投资原则，也是这样的坚持让他在 2022 年的价值风格中取得了好的收益，成为如今最出圈的基金经理。

张翼飞认为，“固收 +”的客户风险承受能力有限，“固收 +”基金经理一定要想办法把回撤降下来。而且他确实说到做到了，安信稳健增值混合 A 成立以来的最大回撤仅有 –3.37%，即使在 2018 年的熊市中最大回撤也仅有 –1.58%。

2. 盈利 TOP1 的积极债券型基金

截止到 2022 年 3 月 31 日，运作期限满 3 年的一级债基共有 79 只。其中易方达增强回报债券 A 以 2019 至 2021 年 3 年利润合计 24.46 亿元的成绩排在了第一位。这只基金的基金经理叫王晓晨，是易方达“固收三剑客”之一。她从 2011 年 8 月管理这只基金至今，2017 至 2021 年 5 年年化收益率达到了 8.02%。

从图 2–8 中可以看到，这只基金的业绩非常稳健。王晓晨认为自己的怀疑精神是基金长期业绩稳健的原因之一。她如此评价自己：“我的性格偏小心谨慎，喜欢独立思考，不缺少怀疑精神，但也不固执，所以，我的组合里，资产配置不会很极端，而且变化幅度也不会很大。”

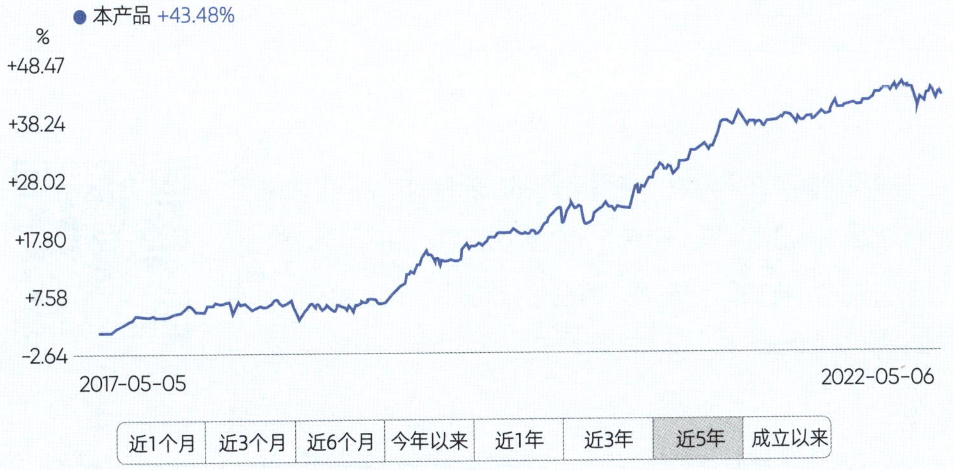

图 2–8　易方达增强回报债券 A 业绩走势

资料来源：雪球 App。

与安信稳健增值混合 A 一样，这只基金的股票仓位也不高，最近几年都在 10% 左右。而且可转债的仓位只有在 2015 年以前比较高，2017 年以后都在 20% 以下。

除了可转债，这只基金主要配置了高等级的信用债。从前五大重仓债券来看，持仓非常分散，最高的仓位也不足 3%（见表 2–7）。

大概也是为了追求稳健，王晓晨在股票上配置的都是大盘股，但是行业较为分散，消费、金融、周期等板块均有涉及。

表 2-7　易方达增强回报债券 A 前五大重仓债券

债券代码	债券名称	占基金资产净值比例（%）
190214	19 国开 14	2.62
210211	21 国开 11	2.56
2028047	20 交通银行 02	2.16
042100380	21 电网 CP009	1.74
2128024	21 中国银行 02	1.61

资料来源：Wind。

如果你看了文字分析，感受不是那么强烈的话，可以看看我们特地准备的视频课程，带着你从头到尾分析一只固收 + 基金。扫描右侧的二维码即可观看，相信你看完后一定会对固收 + 基金有更深入的理解。

以上就是对固收 + 基金的介绍。大家在筛选“固收 +”时也不是必须按照上面给出的标准，可以根据自己的风险承受能力来筛选。如果想要收益更高、能接受高波动的，完全可以选择配置了更多股票、可转债的基金；如果想要稳健，则可以选择债券占比较高的基金。

固收 + 基金不仅适合投资新手，还适合乘风破浪的投资达人。新手可以通过“固收 +”体验基金的波动性，感受一下自己承担风险的能力；投资达人可以通过“固收 +”分散一下投资风险，让自己的收益更加稳健。

第 3 章

看好国运，选指数基金

投资很复杂，但复杂的事情用简单的方法去做，也能得到十分令人满意的收益。普通人只要简单跟随市场，就能用指数基金战胜 90% 以上的投资者。

为什么巴菲特强烈推荐普通人买指数基金？

前文我们提到过，按照投资策略可以将基金分为两大类，分别是主动基金和被动基金，后者正是这一节的主角儿。

被动基金也被称为指数基金，是目前全世界规模最大的基金类型，且依然保持着强劲的扩张势头。指数基金问世以来深受投资者喜爱，连沃伦·巴菲特都是它的超级粉丝，曾10余次公开推荐普通人投资指数基金，更是立下了遗嘱，他过世之后，名下90%的现金将让托管人购买指数基金。

指数基金究竟有何魅力，竟能让纵横华尔街80多年，被誉为“股神”的巴菲特如此偏爱？下面就让我们来详细看看这一优秀的投资品种。

● 用最简单的量化策略，战胜人性的弱点

指数基金的定义是以特定指数为目标指数，以其成分股为投资对象，通过购买该指数的全部或部分成分股来构建投资组合，以跟踪目标指数表现的基金产品。

当交易所或者指数公司发布指数时，也会公开选股规则。如果基金公司也按照该规则去买入完全一样的一篮子股票，就会获得与指数相同的收益率水平。指数涨多少，基金就涨多少；指数跌多少，基金也会跟着跌多少。

看到这里，指数基金最大的特点已经呼之欲出，那就是**完全被动**，不依靠基金经理的选股能力，机械地跟随买入指数成分股就好了。也许不少人会有疑问，基金经理都没起到什么作用，仅是简单复制粘贴的产品，凭什么能被巴菲特所推崇？

无为胜有为，不要小瞧了完全被动的属性，只有这样才能完全规避人性的弱点，这也正是指数基金被众多投资者所推崇的最重要的原因之一。

贪婪、恐惧、犹豫、侥幸心理、过于自信……这些都是投资者具有的较为普遍的人性弱点。基金经理也是人，同样面临这些困扰，但成功的投资通常是反人性的。虽然人性的弱点经过训练，可以在一定程度上被弱化，但依然不可能从根本上战胜。正是因为巴菲特太了解投资者失败的原因，知道这些弱点不是普通人可以克服的，所以才推荐大家投资指数基金。

认清自己的局限，是投资最重要的一步。

另外，指数基金的业绩主要取决于其跟踪指数的表现，它的策略和规则都是透明的，完全按照公开的指数编制规则进行投资。无论是当前的配置，还是后续策略的迭代升级，都不会因为基金经理而发生改变。

有一定的选股规则和策略，不受人为因素影响，这两点看起来是不是有点眼熟，感觉跟量化基金有点像？没错，其实指数基金也可以算作量化基金的一种。

因为亮眼的业绩表现，量化基金在2021年爆火。一提起量化基金，大多数人脑海中都会浮现出复杂高深的数学模型，神秘莫测的算法策略等，用一个词来形容就是“高大上”。简单来讲，量化交易就是用程序来代替人力进行选股、决策和交易。指数编制公司通过一系列的量化指标去编制指数，指数的编制方式，就是一种最简单的量化策略。指数基金更是完全跟随指数，去进行交易，当然也算是一种量化基金。

指数基金这么简单的量化策略，究竟有没有效呢？这可以通过它另外的两大优点来进行证明。

指数基金的两大优势：长生不老、长期上涨

首先，就是指数基金的长久性，也有人称其为“长生不老”。

流水的公司，铁打的指数。公司可能会因为经营不善而倒闭，但是指数不会。指数通过定期调整成分股，引入优秀的新公司，剔除表现不好的老公司的方式，保证了入选的一直都是最优秀股票的代表。

举个形象些的例子，学校里的成绩优秀学生榜单，只有成绩排在前 100 名的学生才会上榜。考试不是一次性的，成绩下滑的学生，在榜单上会被后面的优异学生替代，这样就保证了榜单中的学生一直都是最优秀的。指数就像这个榜单，表现差的公司被优秀公司不断替换掉，但指数里的公司一直都是最优秀的。

只要证券市场还在，指数基金永生不死。这样的优势是单只股票不具备的，没有什么公司能永远跟随时代的脚步。随着社会变革、经济发展和技术进步，引领时代发展的行业“城头变幻大王旗”，但龙头企业新老交替，使得指数能保持长青。举个典型的例子，美股的道琼斯指数已经 100 多岁了，最早的元老公司早已被时代所淘汰，但是道指仍然健在。一直注入新鲜血液，优胜劣汰是指数基金“长生不老”的关键。

其次，指数基金不但可以永生不死，而且还长期上涨。以沪深 300 为例，2004 年 12 月 31 日为基准日，也就是指数的起点，当天的点数被设为 1000 点，到 2021 年 12 月 6 日该指数上涨到 4892 点，17 年来走势见图 3–1。

如图 3–1 所示，长期来看，沪深 300 都是上涨的，**只要不是在最高点进场，长期投资指数大概率都是赚钱的。**而且由于沪深 300 指数是价格指数，没有将分红因素考虑在内，而我们买指数基金是可以收到分红的，所以实际上的收益率会更高。

除了上面提到的“完全被动”“长生不老”“长期上涨”以外，对比其他产品，指数基金还有以下几个优点。

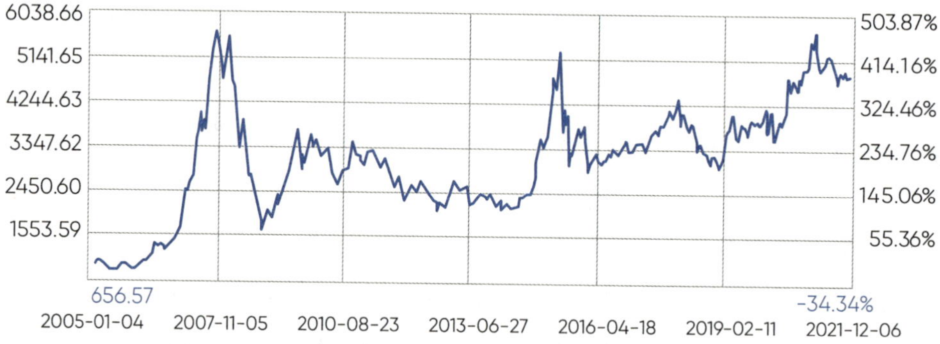

图 3-1 沪深 300 指数的历史表现

资料来源：雪球。

第一，费用较低。目前主动基金一般收取基金规模的 1.5% 作为管理费。指数基金因为策略简单，不需要花大量的时间和精力来管理，管理费相对前者要低很多，仅仅为 0.5%。甚至还有大基金公司为了抢占市场，把指数基金管理费打到了疯狂的 0.15%。

千万不要小瞧了这 1 个百分点的费率差距，如果你买了 10 万元的基金，持有 1 年后的管理费就是 500 元和 1500 元的差距了。“指数基金之父”约翰·博格曾说过，**长期的复利往往会被长期成本的复利作用侵蚀，低成本是指数基金能战胜其他股票基金的根本制胜法宝。**后文第 7 章中我们会详细介绍基金的费用，让你买基金更省钱。

第二，与个股相比波动较小。每年市场上爆雷的股票都不在少数，财务造假、业绩变脸、资金链断裂等，就连浓眉大眼的“白马股”有时也会中招。投资者轻则亏损，重则血本无归。投资时，我们都期望能选到“皇冠上的明珠”，但不幸的是大部分时候选到的都是“黑天鹅”。

投资股票，踩雷是无法完全避免的，但指数基金可以有效把风险分散开。由于指数基金广泛地分散投资，任何单只股票的波动都不会对指数基金的整体表现构成太大影响。比如沪深 300 指数基金跟踪的是该指数的全部成分股，持有 300 只股票，其风险自然比其他股票类型基金要小得多。

第三，永远满仓。指数基金还有一大优势，即几乎永远保持满仓状态。指数基金一般会配置 95% 以上的股票资产，仅需要预留一点点仓位来应对申购赎回即可。优秀的基金公司可以把这部分现金控制得更加精准，甚至只保留 2% 就可以维持基金运作。

因为指数基金几乎永远满仓，牛市来临时全仓上涨，这时候想要跑赢它是相当难的。

简单跟随市场，轻松战胜 90% 的投资者

每个刚入市的投资者都想跑赢市场，理想很丰满，但现实很骨感。**对于普通人来说，大可不必企图战胜市场，跟随市场反而是更聪明的选择。**

在 2020 年，如果你买的是余额宝，那么就能跑赢 50% 的投资者；但如果你买了沪深 300 指数基金，那么你将得到 27.21% 的收益，至少能够跑赢 70% 以上的投资者；如果你买了创业板指数基金，那么你将收获 64.96% 的涨幅，轻松跑赢 90% 左右的投资者！投资很复杂，但复杂的事情用简单的方法去做，也能得到令人十分满意的收益。普通人只要简单跟随市场，就能用指数基金战胜 90% 以上的投资者。

指数基金的收益率不仅能轻松秒杀绝大多数股民，还能轻松战胜专业的主动基金。

以成熟的美股为例，过去的 10 年里（2010—2020 年），标普 500 指数的年化回报率是 13.35%，仅有 22% 的主动基金的年化回报率超过了这个数字。在过去的 60 年间也是如此，1945—1975 年标普 500 指数年化收益率为 11.3%，同期主动基金平均收益率为 9.7%；1985—2015 年标普 500 指数年化收益率为 11.2%，同期主动基金平均收益率仅有 9.6%。

而这种现象或将继续维持下去，标普道琼斯指数公司曾得出结论：**10 年后，85% 的大型基金经理表现将跑输标准普尔 500 指数；15 年后，则将有 92% 的经理跑输。**

“指数基金之父”约翰·博格曾表示：基金行业非常清楚，几乎所有的绩优者，终有一天会失去他们的优势。

数据也已经证明，**历史业绩显著优于市场指数收益的明星基金终究会走下神坛，向市场平均值回归，甚至跑不赢市场**。从美国市场看，在 20 世纪 70 年代到 80 年代，以及 1987—1997 年两个时间段内，业绩处于市场前 25% 的基金，回归到均值及均值以下的比例分别为 97% 和 100%。

就连“股神”巴菲特也不例外。一提起巴菲特，人们总会想到他过往 55 年接近 2.5 万倍的辉煌业绩，但其实最近 10 多年里，巴菲特是大幅跑输标普 500 指数基金的。从 2009 年到 2020 年，伯克希尔 – 哈撒韦的市场价值增长了 260%，而同期标普 500 全收益的涨幅是 434%。

由此可见，想要持续跑赢大盘难于登天，那么有没有什么好的办法，能让一个完全不懂投资的人，从云谲波诡的股市中获得较好的回报呢？

答案正是指数基金。如果你完全不懂投资，那么千万不要忽视指数基金——这个普通人能把握的投资最佳利器。

“七亏二平一赚”的定律适用于所有市场。虽然投资很难，但事半功倍的投资也是有的。那些放弃复杂研究的小白投资者，依靠指数基金也可以取得市场平均收益，如果再叠加一点投资策略，甚至可以取得超过市场平均水平的收益，轻松战胜大部分专业投资者。不用费心费力，极小的付出，却能得到相当不错的回报，付出回报比极高，堪称“躺赢式”理财。

虽然指数基金有着长期趋势上涨的特性，但要注意的是，由于股票市场的波动性，短期来说投资指数基金存在出现大规模回撤的风险。不过长期来看，投资者面对的只有波动的风险，而波动正是在低估期积累基金份额，高估期获得收益的利润放大器。

分享 A 股成长红利，买这几个指数就够了！

通过阅读上文，相信大家对指数基金的了解已经超过了 50% 的人。下面按资产类别以及投资策略不同，我们来做个指数基金的全盘分类。

买指数基金前，先搞清楚这些分类

首先，按资产类别，指数基金分为股票指数基金、商品指数基金、债券指数基金（见表 3–1）。

表 3–1　指数基金分类（按资产类别）

类别	含义	举例
股票指数基金	跟踪股票指数走势的一类基金	上证 50、沪深 300、中证 500 等
商品指数基金	跟踪商品指数走势的一类基金	跟踪白银、原油等指数类型的基金
债券指数基金	跟踪债券指数走势的一类基金	跟踪国债、信用债等指数类型的基金

其中投资者最常接触的就是股票指数基金。如果把股票指数按代表性进行细分，

又可以分为综合指数、宽基指数、主题指数、行业指数（见表 3–2）。

表 3–2　股票指数基金分类（按指数代表性）

类别	含义	举例
综合指数	该类指数主要反映所有股票的整体走势	上证综指、深证成指、创业板指等
宽基指数	没有行业区分的多只股票形成的组合指数叫宽基指数	上证 50、沪深 300、中证 500 等
主题指数	从特定范围内选择标的并跟踪走势	5G、食品饮料等主题指数
行业指数	从特定范围内选择标的并跟踪走势	医药、消费等行业指数

宽基指数和行业指数的主要区别就在于有没有行业限制。宽基指数在挑选股票的时候，并不限制行业，比如沪深 300 指数基金就涵盖了金融、地产、消费、医疗、科技等诸多行业。而行业指数基金只聚焦于该行业，走势受行业影响较大，后文将详细介绍。

其次，根据投资策略分类，我们还可以把指数基金分为被动指数基金、指数增强基金和 SmartBeta 指数基金。

● 投资 A 股，看这几个指数就够了！

目前国内共有 2500 多个指数，跟踪它们的指数基金更是不计其数。我们该如何选择合适的指数基金呢？挑指数基金就像买衣服，你看好什么，就投什么。

1. 看好中国经济，就选沪深 300

沪深 300 可谓是宽基中的“神话”。曾有“球友”这样说沪深 300：

买基金，我们的目标是什么？

目标小的人，可能是为了赚个吃饭钱；

目标大的人，可能是为了跑赢沪深 300 指数。

这种说法可不是空穴来风。数据显示，2014—2020 年 6 年间，每一年都能跑赢沪深 300 指数的主动基金连 100 只都不到（见图 3-2），这也是基金经理都以战胜沪深 300 为荣的原因。宽基中的“神话”沪深 300 指数，绝非浪得虚名。

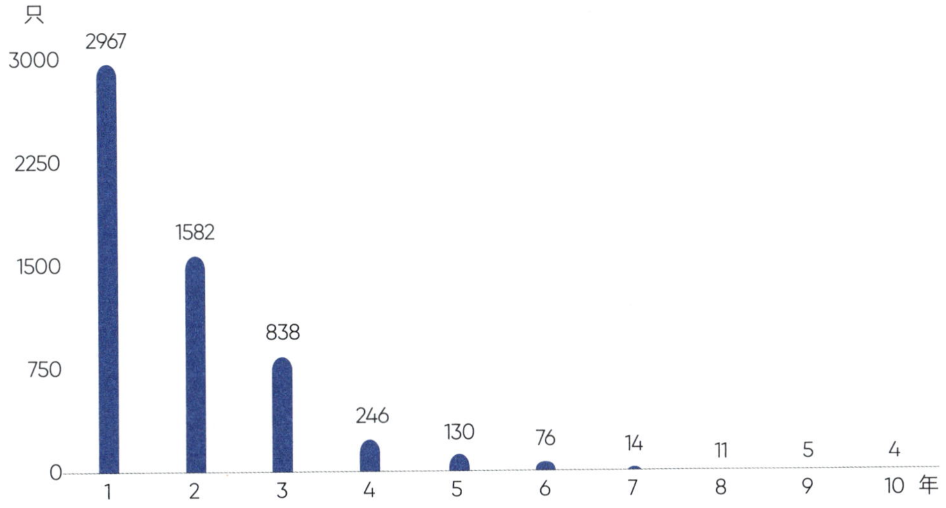

图 3-2 连续 N 年跑赢沪深 300 指数的主动基金数量

资料来源：wind。
注：数据截至 2020 年 12 月 31 日。

想知道沪深 300 为什么这么强，就先来看看它的底层资产构建。

沪深 300 由沪深市场中规模大、流动性好的最具代表性的 300 只股票组成。最小的公司市值也在百亿元以上，合计市值、总营收和利润都占据了市场的 6 成以上，这些公司通常也被称为 A 股的**核心资产**。

从整体行业权重分布上来看（见图 3-3），前三大权重行业——工业、金融、主要消费的权重占到了 50% 以上，此外还覆盖了信息技术、可选消费、原材料等主要行业。从前十大权重股来看（见表 3-3），金融及消费股是主要权重股，前十大权重之和达到了 23.9%。

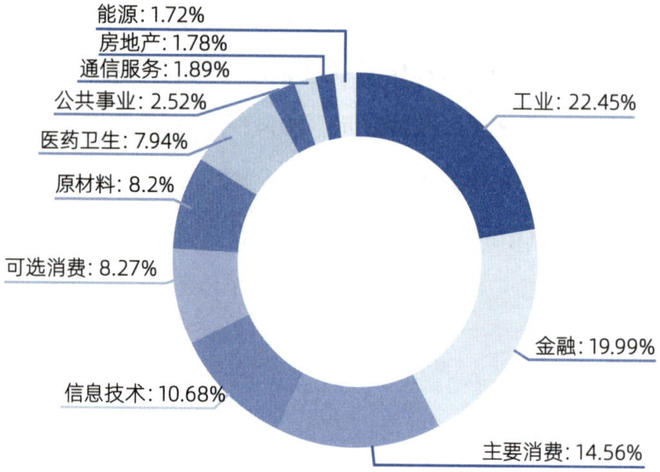

图 3-3 沪深 300 指数行业分布

资料来源：中证指数官网。
注：数据截至 2022 年 6 月 29 日。

表 3-3 沪深 300 指数十大权重股

证券代码	证券名称	所属行业	权重（%）
600519	贵州茅台	主要消费	6.09
300750	宁德时代	工业	3.62
600036	招商银行	金融	2.43
601318	中国平安	金融	2.42
601012	隆基绿能	工业	1.95
000858	五粮液	主要消费	1.84
002594	比亚迪	可选消费	1.52
000333	美的集团	可选消费	1.38
601166	兴业银行	金融	1.35
300059	东方财富	金融	1.30

资料来源：中证指数官网。
注：数据截至 2022 年 6 月 29 日。

沪深 300 指数选取的公司市值都比较大，抗风险能力相对于小公司要强，而且覆盖了不同的行业，进一步降低了风险。如果把资本市场看作大海，那么每一家公司就是在海上航行的船，船越大，抗风浪的能力就越强。现在把 300 艘大船用铁链连到一起，那其抗风浪的能力就会非常强。

巴菲特说投资就是“赌国运”，我们买基金也应该遵循这个大方向。“国运”是通过经济的繁荣来体现的，而经济的繁荣又是通过企业发展来实现的。所以“赌国运”，就是赌一个国家的核心资产。以我们国家为例，沪深 300 指数就聚集了 A 股的核心资产，是最能代表中国股市的指数，也是 A 股的“晴雨表”。

具体来看（见图 3–4），中国 GDP 从 2004 年 12 月 31 日的 16.18 万亿元，涨到了 2021 年 12 月 31 日的 114.37 万亿元，涨幅高达 607%。同期沪深 300 全收益指数从成立之初的 1000 点，涨至 6790.39 点，也实现了 579% 的涨幅。可以看出，指数紧紧跟随 GDP，随着中国经济的发展，两者同步上涨。借助指数基金，最普通的投资者也能从股市的上涨中获益，直接享受国家经济发展的长期红利。

图 3–4　2004 年 12 月 31 日—2021 年 12 月 31 日中国 GDP 走势

资料来源：Wind。

所以，如果你看好中国经济，那么沪深 300 指数就是非常好的选择。跟踪该指数的产品有：前海开源沪深 300 指数、长盛沪深 300 指数、富荣沪深 300 指数增强等。

2. 看好中小盘，就选中证 500

中证 500 指数主要是反映沪深中小市值公司整体状况的指数，样本股是全部 A 股剔除沪深 300 成分股以及总市值排名前 300 的股票后，总市值靠前的 500 只股票，跟沪深 300 没有重合。

从中证 500 的行业分布来看（见图 3–5），工业、原材料、信息技术为前三大权重行业，整体是以电子、计算机、新能源等为主体的科技成长类企业为主，同时以有色金属、化工为代表的周期成长板块和以食品饮料、医药为代表的泛消费类企业为两翼，具有较高的成长性。

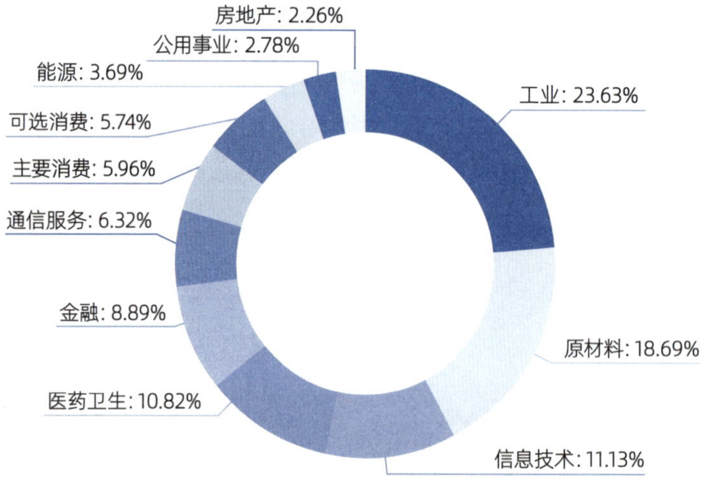

图 3–5　中证 500 指数行业分布

资料来源：中证指数官网。
注：数据截至 2022 年 6 月 29 日。

从十大权重股来看（见表 3–4），每一只股票的占比都不高，指数受到单只股票影响的风险比较小，能够非常有效地分散行业风险。值得一提的是，相对于沪深 300 成分股多为具有稳固市场地位的龙头企业，中证 500 指数则包含不少**细分行业龙头**和“**隐形冠军**”。

2021 年在中小盘强势的行情下，中证 500 表现突出，全年涨幅达 15.58%，大幅跑赢沪深 300，是近两年风头最盛的明星指数。

表 3-4　中证 500 指数十大权重股

证券代码	证券名称	所属行业	权重（%）
600522	中天科技	通信服务	0.94
601615	明阳智能	工业	0.82
600256	广汇能源	能源	0.73
300769	德方纳米	工业	0.65
600096	云天化	原材料	0.62
300012	华测检测	工业	0.59
002497	雅化集团	原材料	0.56
002180	纳思达	信息技术	0.56
600157	永泰能源	能源	0.55
002240	盛新锂能	原材料	0.55

资料来源：中证指数官网。
注：数据截至 2022 年 6 月 29 日。

A 股的风格长期在大盘和中小盘之间轮动，且轮动速度越来越快，从两三年轮动一次，到现在几乎是一年轮换一次。比如 2019—2020 年，基本上是“大象起舞”的行情，2021 年就迅速切换到了中小盘的天下。不同规模的指数强弱切换，是“三十年河东三十年河西”，但从整体来看，还是**中小盘风格持续的时间更久，投资中小盘依然有长期优势。**

如果你看好中小盘投资机会，那么可以考虑中证 500 指数。基金公司围绕中证 500 开发的指数基金有很多，跟踪该指数的产品有：西部利得中证 500 指数增强、国投瑞银中证 500 指数量化增强、华泰柏瑞中证 500ETF 联接等。

3. 看好新经济，就选创业板指

创业板是近几年最受瞩目的市场，截至 2021 年末，已孕育了一批 10 倍股，如亿纬锂能、爱尔眼科、东方财富、阳光电源等。2021 年更是诞生了首家市值破万亿元的公司——宁德时代，它一路超越中国平安、招商银行等传统大白马，市值居两市第四名。

下面就让我们看看这个牛股的“摇篮”：创业板指。

创业板指数是为了衡量创业板最主要的 100 家企业的平均表现而设立的，从创业板上市公司中挑选出规模最大、流动性最好的 100 只股票。

从行业分布来看，工业、医药卫生、信息技术为前三大权重行业（见图 3–6），主要覆盖新能源、医疗、信息等创新领域，都是前景明朗的朝阳行业，成长空间巨大，**是中国市场主体中最欣欣向荣、增长最快的部分。**

截至 2021 年 12 月 31 日，创业板指近 3 年涨幅达到 165.7%，年化收益率高达 39.7%！在新冠肺炎疫情来袭的 2020 年，更是牛冠全球，大涨 64.96%，走在全球指数的前列。

创业板指的强势上涨是靠企业盈利推动的。2010 年，创业板指背后的 100 家上市公司净利润是 70 亿元；到了 2020 年，这 100 家公司的总计净利润已经达到了 1012 亿元，10 年间净利润增长了 13.5 倍！

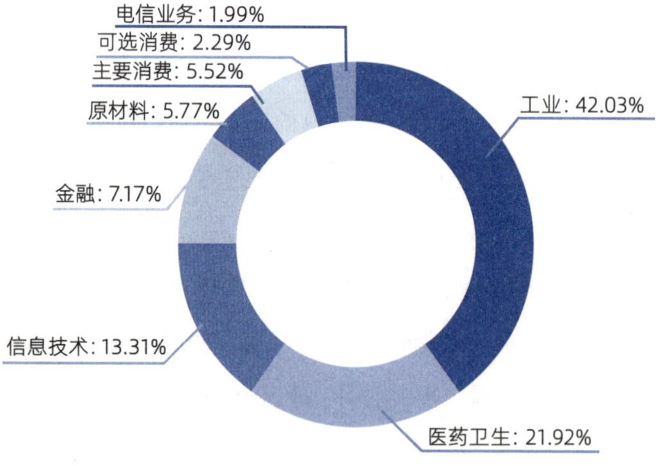

图 3–6　创业板指行业分布

资料来源：国证指数官网。
注：数据截止到 2022 年 6 月 29 日。

从十大权重股来看，医药和科技的权重较大，都是最符合国家未来重点发展方向的行业，较少有传统行业。前十大权重股占比接近 50%，非常集中，宁德时代作为创业板的市值“一哥”，占据了很大的权重（17.11%），凭一己之力就能影响指数走势（见表 3–5）。

表 3–5 创业板指十大权重股

证券代码	证券名称	所属行业	权重（%）
300750	宁德时代	工业	17.11
300059	东方财富	金融	7.70
300760	迈瑞医疗	医药卫生	4.12
300014	亿纬锂能	工业	3.90
300124	汇川技术	工业	3.87
300274	阳光电源	工业	2.81
300498	温氏股份	主要消费	2.80
300015	爱尔眼科	医药卫生	2.65
300142	沃森生物	医药卫生	2.27
300122	智飞生物	医药卫生	2.11

资料来源：中证指数官网。
注：数据截至 2021 年 12 月 2 日。

指数的行业前景和行业分布，是投资非常重要的参考因素。一直以来，A 股的科技医疗等行业市值占比较低，而金融等周期性行业市值占比非常高。参照较为成熟的美股市场，可以预见，A 股的行业结构也会逐渐向美股看齐，市值重心将逐渐向这些朝阳行业倾斜。从这个方面来看，创业板的行业分布是最好的。

如果你看好科技、医疗、新能源这些朝阳产业，那么创业板指指数基金是非常好的选择。跟踪该指数的产品有：天弘创业板 ETF 联接、长城创业板指数增强、南方创业板 ETF 联接等。

4. 看好核心资产，就选 MSCI 中国 A50

前文我们介绍了几个老牌指数，下面我们来看看 2021 年 8 月新发布的一个重磅指数：MSCI 中国 A50。

2021 年 11 月 8 日，首批跟踪该指数的 4 只 ETF 上市交易，立即成为资金追捧的对象，一举创下了股票 ETF 上市首日成交额历史纪录，成交活跃度秒杀老牌指数基金，日成交额高居全市场 ETF 榜单前列。截至 2021 年 12 月 8 日，上市仅一个月累计成交额已超过 2000 亿元。

这个新宽基到底有什么特别之处？竟然能秒杀老牌指数基金，一跃成为宽基中的新王者？原因就在 MSCI 中国 A50 指数的高投资价值上。

老牌宽基指数一直被人诟病的点就是，从规模角度去选取成分股，纳入了不少金融地产股，“夕阳产业”占比过高。而在国民经济从金融地产转向创新科技驱动的背景下，继续用老牌宽基指数来反映经济发展情况，就有些不合适了。而且在老牌宽基“以大为美”的选股规则下，很容易错过或者低配某些处于风口上或者成长期的新兴行业龙头，而 MSCI 中国 A50 指数就靠着创新的编制规则，解决了这个问题。

MSCI 中国 A50 指数从 MSCI 指数的 11 个全球行业分类里，每个行业选出 Top1 和 Top2 的公司，纳入各行业最具代表性的龙头企业，然后再按照母指数权重选出其余 28 只股票。截至 2022 年 6 月 29 日，MSCI 中国 A50 指数前五大权重行业分别为：金融（17.18%）、日常消费（16.68%）、工业（16.45%）、信息技术（13.66%）和材料（11.43%）。

如表 3-6 所示，从几个重要指数的行业配置情况我们可以看出，MSCI 中国 A50 指数的行业分布更均衡，且一改以往大盘宽基指数金融板块比例过高的问题。MSCI 中国 A50 的选股策略使得这个指数**集中了各行业的龙头企业，更能体现中国新经济的整体情况。**

此外，通过表 3-6 也可以看出，MSCI 中国 A50 指数与北上资金等“聪明钱”气质契合。相比于上证 50、沪深 300 等宽基指数，MSCI 中国 A50 指数的行业分布与北向资金持仓最为接近。北向资金持仓前三大行业为工业、日常消费和信息技术，权重分别为 19.60%、16.65% 和 14.17%；而 MSCI 中国 A50 在这 3 个行业的权重分别为 16.45%、16.68% 和 13.66%，与北向资金的行业偏好非常一致，可以看成是**外资投资 A 股的风向标**。

表 3-6 重要指数的行业分布情况 单位：%

Wind 一级行业	上证 50	沪深 300	中证 500	MSCI 中国 A50	北向资金
金融	30.39	21.54	6.90	17.18	12.49
日常消费	22.71	14.32	5.97	16.68	16.65
工业	5.31	14.05	17.76	16.45	19.60
信息技术	10.94	15.34	15.48	13.66	14.17
材料	5.3	9.19	16.96	11.43	12.04
医疗保健	6.92	8.08	8.92	8.91	7.69
可选消费	5.65	8.27	6.89	7.82	11.28
公用事业	3.96	2.91	3.57	2.86	2.61
能源	3.29	1.78	3.49	2.68	2.34
房地产	1.61	1.84	2.43	1.75	1.00
电信服务	0.26	0.48	—	0.59	0.12

资料来源：Wind。
注：数据截至 2022 年 6 月 29 日。

截至 2022 年 6 月 28 日，MSCI 中国 A50 指数的前十大权重股包括：宁德时代、贵州茅台、隆基绿能、比亚迪、万华化学、招商银行、立讯精密、恩捷股份、中国中免、紫金矿业，均为 A 股的“核心资产”。**不用纠结“茅指数”还是“宁组合”，小孩子才做选择，我们可以全都要！**

2019 年至 2021 年年报数据显示，MSCI 中国 A50 指数取得了 23.09% 的年化收益率，显著高于上证 50（12.92%）、沪深 300（18.83%）和中证 500（21.31%）等指数。能取得这样亮眼的成绩，自然也离不开指数背后的那些“印钞机”公司。

数据显示，虽然 MSCI 中国 A50 指数成分股数量仅占全市场的 1%，但市值、营收和归母净利润占比，分别达到全市场的 24%、22% 和 34%。从图 3–7 可以看出，MSCI 中国 A50 指数营业收入增速与主要宽基指数相比毫不逊色，销售毛利率、ROE 则大幅领先，盈利能力排在各类宽基前列，含金量最高，是 A 股最具赚钱效应的核心资产。

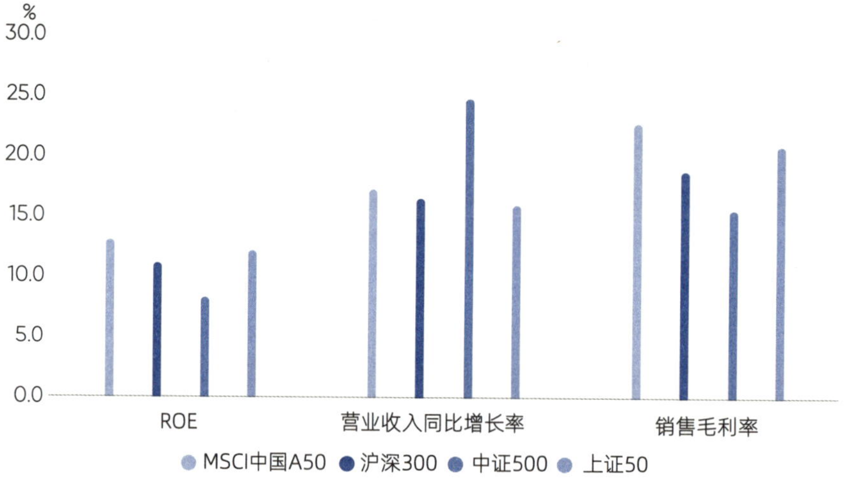

图 3–7　MSCI 中国 A50 指数成长性与盈利能力

资料来源：Wind。
注：数据截至 2021 年 12 月 31 日。

总体来看，MSCI 中国 A50 指数是一个行业分布更加均衡的 A 股龙头股代表指数，投资方向与外资高度一致，盈利能力优秀，汇集了 A 股各行业最具赚钱效应的核心资产，相比于沪深 300，可以说是“核心资产中的核心”。如果你看好中国各行业核心资产，MSCI 中国 A50 指数是不二之选。

跟踪该指数的产品有：华夏 MSCI 中国 A50 互联互通 ETF 联接、汇添富 MSCI 中国 A50 互联互通 ETF 联接等。

读到这里，你对指数基金的了解已经超过了 80% 的基民，能够从一个专业的角度为自己以及家庭配置合适的宽基，剩下 20% 的经验，就需要在实践中积累了。

细节决定收益！追踪同一指数的基金怎么选？

时常有人遇到这种情况：想买沪深 300 指数基金，通过网络搜索到了几十只，然后就随意选择了一只，结果和朋友一比，虽然追踪的是同一个指数，但收益却差了不少；或者是自己挑好了指数基金，但是不知道什么时候能买，什么时候该卖。

这一节我们就带大家走进实操部分，带领大家挑选适合自己的指数基金，并在此基础上建立简单易行的投资策略。

● 指数基金：该选被动型还是主动增强型？

被动指数基金不做任何主动的选择，完全跟随标的指数，追求的就是最大限度跟踪和复制指数，以此获得和指数相同的收益。而指数增强基金是在跟踪指数的同时，加入主动管理的策略，争取获得比指数更高的收益。

这就像我们做菜，照着菜谱的用料配比原封不动，希望百分百复制菜谱就是被动指数基金；在菜谱的基础上，根据个人的经验改良了配菜和调味，追求更美味，就是主动增强基金。

那么指数增强基金真的有效果吗？让数据来说话。

通过表 3–7 中的数据可以看出，指数增强基金在大部分时候都跑赢了指数，实现了“涨得比指数好、跌得比指数少”，这说明指数增强确实是有效的。

表 3-7　2012—2021 年指数增强基金增强效果

年份	沪深 300 指数增强基金平均收益（%）	沪深 300 指数涨跌幅（%）	是否增强
2012	8.19	7.55	√
2013	-1.57	-7.65	√
2014	48.39	51.66	×
2015	14.13	5.58	√
2016	-4.59	-11.28	√
2017	23.42	21.78	√
2018	-20.25	-25.31	√
2019	38.30	36.07	√
2020	42.25	27.21	√
2021	-0.50	-5.20	√

资料来源：Wind。

那么指数增强基金是如何做到的呢？核心就在于基金经理的选股能力。

目前大多数的指数增强产品都是通过量化手段来实现的，公募基金主要采用**多因子选股模型**进行选股。常用的因子包括盈利、成长、流动性、营运能力、现金流、估值、交易量、规模、波动性、红利、一致预期等。

每只股票都在这些因子上有一个分数，基金经理会根据自己的经验，并结合对当下市场行情的判断，在众多因子中挑出看好的多个因子。然后再按照因子的权重对股票进行分数的加总，得分高的股票会被纳入持仓组合，得分低的会被卖出。

这就像我们考试一样，每个学生都会参加语文、数学、外语、物理、地理等多个学科的考试并获得分值。有的学校看重理工科的成绩，就会给数学、物理等考试成绩 30% 的权重；有的学校看重文科成绩，会给语文、外语等考试成绩 30% 的权重；还有的学校注重综合成绩，每个学科都给 10% 的权重。如此一来，每个学校筛选出的学生就会有很大差别。

只要这个模型是有效的，买入的这些得分高的股票会跑赢那些卖出的得分低的股票，时间一长，这些指数增强基金的超额收益就会越来越明显。

此外，指数增强基金还可以通过打新股获得超额收益。由于每只基金获配的新股份额都差不多，因此打新赚的绝对收益也差不多。在这种情况下，规模越小的公募基金，打新收益就越明显。假如一只公募基金一年的打新收益有 1000 万元，对于一只 2 亿元规模的基金而言，就是 5% 的收益增强，十分可观。

既然指数增强基金这么好，干脆我们就选这类基金吧，为什么还要看被动指数基金呢？前文提到，指数增强基金是介于主动基金和被动基金之间的一种特殊基金，需要我们对基金经理的投资能力加以识别，所以有经验的投资者可以选择指数增强基金。如果是投资小白，建议还是老老实实买被动指数基金。

● 被动指数基金：便宜才是硬道理

被动指数基金的选择有 3 个小技巧：

1. 费用越低越好

被动指数基金主要是追踪指数，并没有主动操作的成分，业绩上也不会有太大的差异，所以我们选费率更低的基金就好。

目前被动指数基金的申购费率在 1%~1.5%，管理费率在 0.5% 左右，托管费在 0.1% 左右。雪球 App 的申购费率基本都是一折起，折后在 0.1% 左右，对我们的投资影响比较小，反而是基金的管理费用影响较大。

有个别的被动指数基金管理费和托管费比较高，加总超过了 1%。如果长期投资，肯定会对我们的收益率有不小的影响。建议大家选择费用低的基金。

2. 跟踪误差越小，追踪效果越好

我们照着菜谱做饭时，多多少少会因为调料放多放少、火候不同等原因，无法

百分百还原一道菜。被动指数基金也一样，由于存在管理费、托管费等多种运营费用，以及申购赎回造成的仓位变化等原因，指数基金也无法完全复制标的指数。指数基金收益率和标的指数收益率之间的偏差，叫作跟踪误差。

这个数据大家可以在雪球 App 里找到，点击“指数选基”后找到沪深 300，进入后就能看到相应的被动指数基金，以及基金的跟踪误差。

那么，跟踪误差是不是越小越好？一般来说是这样的，跟踪误差越小，说明基金追踪指数的效果越好。但是，也有特殊情况存在，比如指数基金通过打新股获得超额收益，导致收益率和指数出现了偏差。这种情况造成的跟踪误差并不是坏事。

比如前海开源沪深 300 指数以及长盛沪深 300 指数这两只基金，它们都属于被动指数基金，但是表现远远好于沪深 300。通过观察，我们发现这两只基金在过去一直积极参与打新，而且规模小，截至 2021 年末仅有 3 亿元，应该是打新为基金贡献了不少收益。

虽然跟踪误差很重要，但是对于普通投资者而言，基金的收益率更重要。因此，如果是正向的跟踪误差，可以通过看基金规模来判断是否是打新带来的误差。如果是的话，不妨选择这类基金。

3. 避开规模过小的基金

对于完全跟踪指数的基金而言，最好选择规模大的。规模越大，申购赎回时产生的交易成本对基金的影响就越小，不会影响指数跟踪效果。此外，基金规模过小，基金公司有可能停止运作，存在清盘风险。所以规模较小的指数基金要避开，最好选择规模 1 亿元以上的基金。

同样，大家可以在雪球 App“指数选基”中找到沪深 300，选择“按照规模”排序，就能看到排名靠前的被动指数基金。当然，大家也可以在选好了具体的基金后，在基金详情页里查看基金的规模。

总结一下，被动指数基金要选择管理费用低的、规模 1 亿元以上的，并且在跟踪误差规定范围内，收益比标的指数好的基金。

指数增强基金：稳定超额收益最重要

指数增强是一把“双刃剑”，投资水平高的基金经理能够获得超额收益，投资水平一般的基金经理可能业绩还不如指数的表现。2021 年沪深 300 指数增强基金当中，排名首尾的两只业绩相差了 24 个百分点，因此指数增强基金的挑选尤为重要。这里同样给你 3 个小技巧。

1. 稳定超额收益最重要

我们在选指数增强基金时，最主要的就是看这只基金能否持续获得超额收益，因为只有持续稳定的超额收益才能不断累积，形成丰厚的正收益。因此，建议大家选择成立 3 年以上，并且超额收益靠前的指数增强基金。

按照 2019—2021 年这 3 年的年化收益率，我们找到了排名靠前的 10 只沪深 300 指数增强基金，见表 3-8。

表 3-8 沪深 300 指数增强基金筛选结果

证券代码	证券名称	基金成立日	近 3 年年化收益率（%）	基金规模合并值（亿元）	管理费率（%）
004788.OF	富荣沪深 300 指数增强 A	2018-02-11	44.35	15.11	0.6
673100.OF	西部利得沪深 300 指数增强 A	2017-03-21	31.29	13.15	0.8
166802.SZ	浙商沪深 300	2012-05-07	28.40	4.69	0.5
003957.OF	安信量化精选沪深 300 指数增强 A	2017-03-16	28.25	3.02	0.8
000312.OF	华安沪深 300 增强 A	2013-09-27	27.89	15.43	1
002670.OF	万家沪深 300 指数增强 A	2016-09-26	27.76	6.14	1
003876.OF	华宝沪深 300 增强 A	2016-12-09	27.42	6.93	1

续表

证券代码	证券名称	基金成立日	近 3 年年化收益率（%）	基金规模合并值（亿元）	管理费率（%）
005113.OF	平安沪深 300 指数量化增强 A	2017-12-26	27.34	5.57	1
006020.OF	广发沪深 300 指数增强 A	2018-06-29	27.15	12.14	1
003884.OF	汇安沪深 300 指数增强 A	2017-01-25	26.92	4.25	1

资料来源：Wind。
注：数据截至 2021 年 12 月 31 日。

从表 3-8 中可以看到，表现最好的指数增强基金是富荣沪深 300 指数增强 A，2019 至 2021 年涨幅为 201%，而沪深 300 同期涨幅仅有 64%。这只基金之所以超额收益明显，主要是在行业配置、个股选择上做了比较大的调整，同时这只基金的跟踪误差比同类基金要大些。其他取得不错超额收益的基金还有西部利得沪深 300 指数增强 A，2019—2021 年的年化收益率在 30% 以上。

大家也可以通过雪球 App 来筛选。在“指数选基”中找到沪深 300，选择“增强指数型”，然后按照超额收益排序，就能看到排名靠前的指数增强基金了。

2. 费用越低越好

指数增强基金有一部分主动操作，不仅要最大限度跟踪指数，还要争取获得超额收益，需要基金经理费心费力去实现，所以指数增强基金的管理费也要高于普通指数基金。目前市场上指数基金的管理费一般为 0.5%，指数增强基金一般为 1%，但也有一些产品的管理费比较高，达到了 1.5%。

虽然管理费用的差距不算太大，但是长期投资的话还是会影响收益率，建议大家选择管理费用低的基金进行长期投资。

3. 规模适中就好

前面我们说被动指数基金规模越大越好，但是到了指数增强基金这里，情况就变了。指数增强基金如果规模过大的话，可能会导致某些增强因子的失效。

另外，规模较小的基金，打新收益就越丰厚；相反，基金规模越大，打新收益越不明显。指数增强基金毕竟只有 20% 的部分是可以自由发挥的，所以超额收益大多数都在 10% 以内，此时打新收益就十分重要了。

考虑到基金规模太小会有清盘风险，以及打新需要一定的市值规模，因此建议选择规模在 2 亿 ~20 亿元的指数增强基金。

学会了如何筛选指数基金后，让我们一起进入下面的视频课，带你实战拆解一只指数增强基金，看看优秀的指数增强基金是如何实现稳定超额收益的。扫描二维码即可观看。

● 选了一只好基金，怎么买才能更赚钱？

为什么选了同一只基金，有人赚钱有人亏钱？很简单，因为买入的时间不同。我们就以前海开源沪深 300 指数基金为例（见图 3–8），看看不同时间买入的差距有多大。

图 3–8　2017 年 3 月 31 日—2022 年 3 月 29 日沪深 300 走势

资料来源：雪球。

2018年由于中美贸易摩擦，股市大跌，如果我们恰巧在2018年初的阶段性高点买入了前海开源沪深300指数基金，持有至2021年末的收益率为47.57%。2019年初，沪深300经过一轮下跌后到达阶段性的低点，如果那时买入持有至2021年末，收益率为90.94%。可以看到，在不同的时点买入收益差距是非常大的。

1. 何时买入？看这个指标就够了

没有人能准确预测市场接下来会怎么走，那么有什么办法能帮助我们判断该不该买入呢？答案就是看估值。目前指数估值最常用的指标就是市盈率（简称PE），它代表股价和每股收益的比率。

假设同行业的两个上市公司A和B目前的股价都是30元，A公司的每股净利润为2元，B公司的每股净利润为1元。通过公式可以得出A的市盈率为15，B的市盈率为30，很明显挣钱少的B公司股价更贵。

你还可以将PE理解为投资收回成本所需要的时间，当然这里有个前提，就是假设公司每年的收益不变。假设你用3000元购买了A公司100股的股票，目前该股票的每股收益是2元，因此你购买的100股股票1年后应该获得的收益为200元，而你最初的投资是3000元，意味着你需要15年才能收回成本，与A公司的PE值相同。

通过A和B公司的举例你可以看出，净利润增速快的公司往往估值更高，因为市场预期A公司的发展更好，也愿意出更高的价格去买它的未来。

不同的指数估值差异也很明显，比如创业板指数在近3年当中PE最高时高达80，而上证指数的PE近3年最高时也仅有15。这主要就是因为创业板覆盖了新能源、医疗、信息等创新领域，成长性更好，因此市场愿意对这些板块给予较高的估值。

所以不同的指数之间不能比较估值，那么我们如何衡量当前指数是低估还是高估呢？那就要通过看PE百分位了。

PE百分位的意思是当前估值在选定历史区间所处的水平，数值越小，说明指数当前的估值越低。目前市场上多以30%、70%为分界点。当PE百分位在30%以内时，说明估值较低，可以买入；当PE百分位在70%以上时，说明估值高，应当卖出；

其余时候为估值适中，可以持有观望。

打开雪球 App，在基金页面里找到“指数估值”选项，就可以看到各个指数当前的估值状态了。点击沪深 300，就能看到沪深 300 当前的 PE 以及 PE 百分位，如图 3–9，为沪深 300 指数的估值，其当前 PE 百分位为 50.36%，属于估值适中。

当然，数据选取的区间范围不同，显示的高估还是低估状态也不同。历史区间如果选得太长，成分股可能已经有了很大变化，或者市场发生了趋势性的变化，历史数据就失去了参考意义；但如果选得太短，又缺乏参考价值。我们倾向于选择近 5 年的数据，毕竟很多周期性行业或者市场横跨牛熊需要 5 年左右的时间。

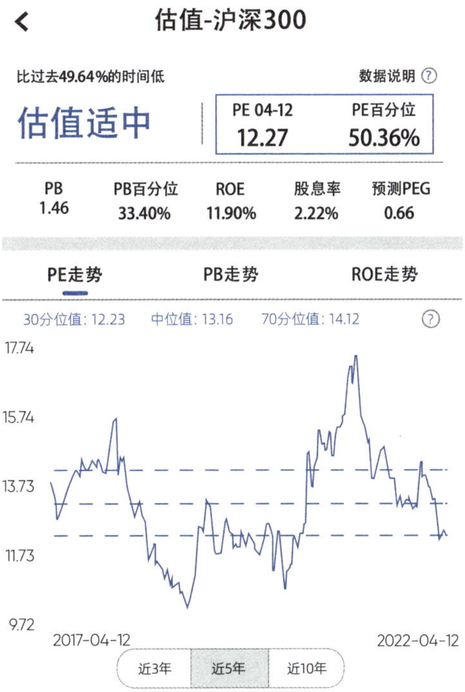

图 3–9　沪深 300 指数估值情况

资料来源：雪球 App。

2. 看 PE 百分位买入真的有用吗?

我们用前海开源沪深 300 指数基金做一个回测。我们严格按照估值在 30 分位值以内买入，70 分位值以上卖出。从过去 5 年的 PE 百分位图中可以看到（见图 3–10），从 2018 年 6 月起沪深 300 指数 PE 百分位才进入 30% 以内，于是我们从这时开始每周一定投这只基金，金额为 1000 元，当估值在 30 分位置以上时就停止定投。一直到 2020 年 7 月沪深 300 指数 PE 百分位进入 70% 以上时，即沪深 300 达到高估状态，我们开始分批赎回。

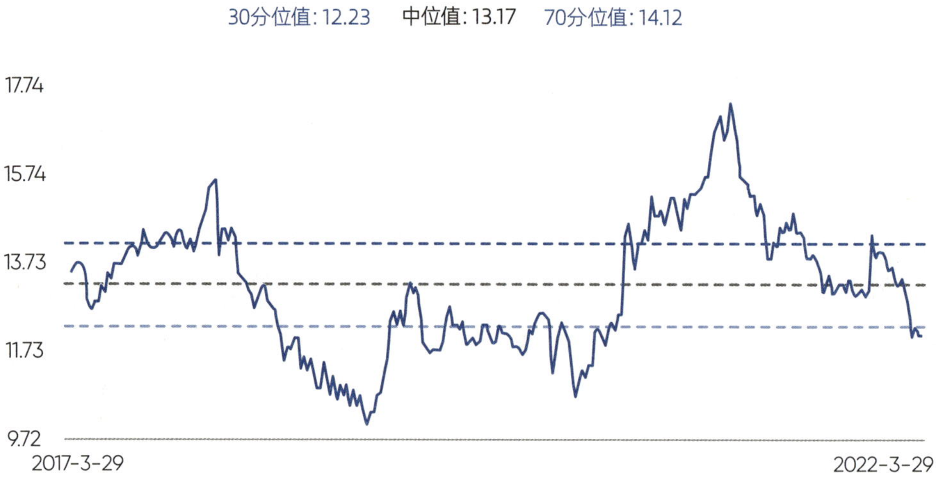

图 3-10　沪深 300 指数 PE 百分位

资料来源：雪球 App。

截至 2022 年 3 月 1 日，我们累计投入了 75000 元，高估时每天卖出一部分，收益率可以达到 98%。如果不看指数的估值水平，从 2017 年 3 月初就开始每周定投 1000 元，假如 2022 年 3 月 29 日卖出，累计投入了 26.5 万元，收益率为 25.5%。可见，参考 PE 百分位来确定买入时机是有效的。

总结来说，在指数基金的选择上，初级投资者可以选择被动指数基金，通过费率、规模，再结合收益率与跟踪误差挑选即可；有经验的投资者可以选择指数增强基金，首选有稳定超额收益的基金，再结合费率与规模筛选即可。

ETF，一种特殊的指数基金

ETF 的全名是“交易所上市交易的基金”，也就是我们常说的场内基金，它和股票一样能够在二级市场上交易，只要你拥有股票账户就能买到它。而我们常说的场外基金，也就是在雪球基金这样的平台上能够买到的基金，是不能在二级市场上交易的，只能进行申购赎回。

ETF 的特殊性就在于它不仅能在二级市场上交易，也能像场外基金一样申购赎回，只是申赎门槛非常高，一般只有机构参与。ETF 的申赎不是用现金，而是需要用一篮子股票去换取基金份额。假如你想买沪深 300，就需要把沪深 300 的成分股都买下来，拿这一篮子股票找基金公司换取基金份额。等到赎回的时候，基金公司给你的也是一篮子股票。

正是这种特殊的申赎方式，让 ETF 基金最高可以达到 100% 的仓位，追踪指数的效果要比场外指数基金更好。场外基金为了应对用户的申赎，要保留一部分现金，最高只有 95% 的仓位，因此追踪指数的误差会大于 ETF。

既然 ETF 追踪指数的效果更好，那么买 ETF 是不是要比场外基金更好呢？并不一定，ETF 和场外基金在交易方式、费用等方面都有很大的差别。简单来说，场外基金适合投资经验少或者想长期定投的人，ETF 更适合投资经验丰富、想要博取短期收益的人。

下面我们就详细说说 ETF 和场外指数基金的具体差别。

● ETF 和场外指数基金，哪个才适合你？

1. ETF 可以像股票一样交易

普通投资者只能在二级市场上交易 ETF，所以如果想投资 ETF，你需要先开个股票账户。ETF 最小买入单位为 1 手（即 100 份基金份额），假如按照 1 元的交易价格，至少需要买 100 元。而场外指数基金的交易门槛更低，大部分的交易门槛仅有 1 元。

如果没有股票账户，而且只想花 10 元买只 ETF 基金，如何实现呢？答案就是买 ETF 联接基金。这种基金是为了方便普通投资者购买 ETF 基金而专门设计的，不需要开通股票账户，可以在场外买入。而且 ETF 联接基金的起购金额也很低，有些基金仅需 1 元即可购入。

2. ETF 综合交易费用更低

买卖费用上，ETF 没有申购赎回费，而是和常见的股票交易一样由开户券商收取交易佣金。目前，券商的佣金费率一般在万 2.5~ 万 3，不管买还是卖都会收取成交金额的 0.025%~0.03% 作为手续费，有部分券商会在费用不满 5 元的情况下按照 5 元收，也有的券商不满 5 元直接免手续费一分不收。

持有费用上，ETF 是用股票账户交易的，在 A 股市场上就能进行买卖，不涉及像银行、第三方平台等代销机构，所以 ETF 没有销售服务费这一说；同时，ETF 是由基金公司发行管理的，所以同样需要收取管理费和托管费，而且也是不需要另外支付的。

也就是说，ETF 和场外基金两者的费用相比，主要的不同在于买卖交易的费用上。

我们知道 ETF 基金都是指数基金，场外的指数基金申购费率在打折的情况下最高达 0.12%，赎回费持有满 1 年按 0.25% 计算，那么买卖费率共计 0.37%。相比之下，场外的费率比 ETF 略高一些。

3. ETF 价格实时变动，波动大

场内基金和股票一样，价格是实时变动的，涨跌都在一瞬间。对于“涉市未深”的投资者来说，它会诱惑你忍不住去看盘，进而一定会带来同频的情绪波动。

经常听到有人抱怨说：“开盘才买的 ETF 没一会就跌了，导致我连上班的心情都没了；结果下午没想到又涨回来了，早上实在是买少了！”总之，实时跳动的数字让投资者不自觉追涨杀跌的同时还影响了正常生活。

场外基金则不同，每天只有一个成交价，就是根据股市收盘价计算出来的基金净值。只要是在收盘前，也就是下午 3 点前买入的场外基金，都是按照当天收盘后更新的基金净值计算。

更重要的是，由于 ETF 可以像股票一样交易，因此它的交易价格会偏离实际的净值，这时就会出现折价或者溢价的情况。溢价代表场内价格高于基金净值，说明投资者非常看好这只 ETF 持仓的股票或者板块，交易非常火热。折价则代表场内价格低于基金净值，说明大家并不看好这只 ETF，愿意以低价抛售。

我们就以中概互联网 ETF 为例（见图 3–11），2022 年 4 月 28 日的交易价格是 0.966，但是该 ETF 的实时参考净值（IOPV），也就是实际净值的近似值仅有 0.905，

图 3–11　中概互联网 ETF 溢价情况

资料来源：雪球 App。

交易价格高于实际净值。当然，我们也可以直接看溢价率，这样更直观些。图 3-11 中显示当前的溢价率为 6.74%（0.966/0.905-1）。这种情况下去买，就意味着我们要花更多的钱去买同样的东西。如果之后 ETF 的溢价回落了，即使指数没跌，投资者仍会在 ETF 上亏钱。

场外基金和 ETF 不同，每天只有一个申赎价格，自然就不会有溢价和折价之说，所以从这点上看，场外指数基金更适合大多数普通投资者。

4. 场外基金选择范围广、更便捷

上一节提到，指数增强基金在大部分时候都跑赢了指数，能够做到“涨得比指数好、跌得比指数少”。但是目前场内的指数增强 ETF 仅有 5 只，而且成立时间较短，不足以观察基金的增强效果。场外则有上百只指数增强基金，不仅可供选择的范围更广，而且成立时间长，我们可以找出表现更突出的增强基金。

此外，很多人买指数基金就是为了定投，从这点上看，场外基金更加方便。场外基金有一个功能就是设置自动定投，而 ETF 则没有，需要自己定好闹钟，每次手动购买。

总的来说，ETF 基金在交易费用上比场外基金略便宜，但由于像股票一样在二级市场上交易，会出现溢价折价的情况，对于投资新手并不友好。而且 ETF 的选择范围不如场外基金大，很难买到心仪的指数增强基金，在定投上也没有场外基金便捷。因此对交易技巧并不了解的投资者，可以选择场外基金；如果已经有股票交易经验，想要把握短期波段收益，可以考虑购买 ETF。

● ETF 基金应该如何选

ETF 基金包括股票 ETF、债券 ETF、商品 ETF、货币 ETF、跨境 ETF。其中，股票 ETF 是我们平时最常买的品种，一般分为宽基 ETF 和行业 ETF。

债券 ETF 主要分为国债 ETF、地债 ETF、转债 ETF、城投债 ETF 等，目前仅有 10 余只。如果想要投资债券基金，最好还是买场外的主动债基，选择范围更广、收益率也更佳。

商品 ETF 以跟踪大宗商品价格或者指数为目标，标的涵盖贵金属、工业金属、能源、农产品等。我们常听到的黄金 ETF、豆粕 ETF 就属于商品 ETF。商品 ETF 主要跟踪商品期货市场的交易，对于投资人的专业性要求很高，并不适合普通人投资。

货币 ETF 是指开放式货币基金，它的定位是场内保证金的现金管理工具。只要你有股票账户，就可以把里面的闲钱放在货币 ETF 里。如果发现投资机会，可以立马卖出 ETF，买入股票。

如果想要投资美股等境外市场，可以选择跨境 ETF。这两年大火的中概 ETF 就属于跨境 ETF，可以让你一键拥有腾讯、阿里等国内知名互联网公司。

在这几种 ETF 中，股票型 ETF 的基金数量和规模都是最大的，而且也是普通人接触最多的类型。在这里着重给大家讲一下股票型 ETF 应该如何选。

1. 如何寻找合适的指数?

ETF 属于被动指数基金，如果买这类基金，我们首先要做的就是找到合适的指数。中证指数有限公司的网站提供了较为全面的信息，其网站上有一个指数浏览器的功能（见图 3–12），可以帮你找到想了解的指数。比如我想了解新能源都有哪些指数，可以在搜索框中输入“新能源”，搜索出十几个新能源指数。但是选择图 3–12 中的“跟踪产品 – 有”之后，新能源相关指数就仅剩下 4 个。

如果想要了解它们有什么区别，可以挨个点进去，看看它们的前十大重仓股和细分行业有什么区别，年化收益率哪个更高。此外，页面中还会展示这个指数都对应了哪些 ETF，非常方便。

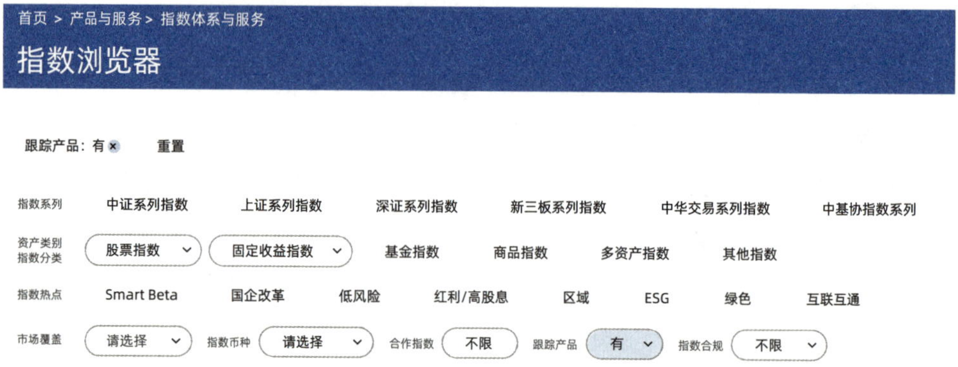

图 3-12　中证官网指数浏览器功能

资料来源：中证指数官网。

2. 找流动性好的 ETF

很多人买 ETF 是看中了它能像股票一样实时交易，可以快进快出获得短期收益，因此买 ETF 最重要的就是看流动性。

在 A 股市场上，ETF 的成交量是有巨大差别的，主流的 ETF 成交额能达到成千上亿元，无人问津的小众 ETF 成交额可能只有几千、几万元。

我们在选择的时候应尽量挑选日均成交量在万手以上的 ETF，对于日成交量只有几手、几十手的 ETF，还是尽量规避。就以沪深 300 来说，兴业沪深 300ETF 的日成交量仅上百手，那就不如买同样是追踪沪深 300 并且成交量更大的华泰柏瑞沪深 300ETF、沪深 300ETF 易方达等。

3. 避免溢价过高的 ETF

溢价代表场内价格高于场外价格，折价则代表场内价格低于场外价格。当出现溢价时，说明 ETF 的交易比较火热，存在风险。如果之后溢价回落，即使指数没跌，你仍有可能亏钱。因此建议大家买 ETF 前一定要关注溢价率，尽量避免在溢价时买入。

相对应地，如果出现了折价的情况，说明场内 ETF 更便宜，可以选择买入。

4. 选择规模大、费率低的 ETF

ETF 规模越大，代表大家的认可度越高，这种 ETF 的交易频率和流动性都会更高。而且基金规模太小，也容易出现清盘风险，所以建议大家选择规模在 2 亿元以上的 ETF，并且越大越好。

虽然 ETF 的交易成本已经比较低了，但是我们仍然可以选择管理费和托管费更低的产品。如果两个 ETF 跟踪的指数标的相同，在流动性和规模也都不错的情况下，不妨选择费率更低的那一个。

总结一下，ETF 是可以像股票一样在二级市场上交易的基金。虽然 ETF 的综合交易费用更低，但是交易火热时会出现溢价，省下的那点交易费用可能远远无法补上对溢价的付出。所以，打算长线投资以及投资经验不丰富的人，尽量买场外基金。如果投资经验丰富，想要通过 ETF 实现场内外套利的投资者，可以选择 ETF。在选择 ETF 的时候要选择流动性好、规模大和费率低的产品，同时要避免溢价过高的 ETF。

看好赛道，选行业基金

第4章

行业基金是最能获取超额收益的品种，但其波动率也很大。因此，我们主张大家用价值投资的理念投资行业基金，而不是追逐热点、频繁切换赛道。

在购买行业基金之前需要充分认识潜在的波动与风险，管理好自己的心理预期，切忌盲目上车。

捕捉高收益，一键打包 A 股最牛板块！

近几年“赛道”这个词可谓风靡投资圈。2019—2021 年，公募基金收益排名前 50 的大部分都是行业基金！白酒、新能源、半导体这几个热门赛道（见图 4–1）贡献了非常“出圈”的业绩，它们的年化收益率分别领先沪深 300 约 44 个、39 个、34 个百分点！

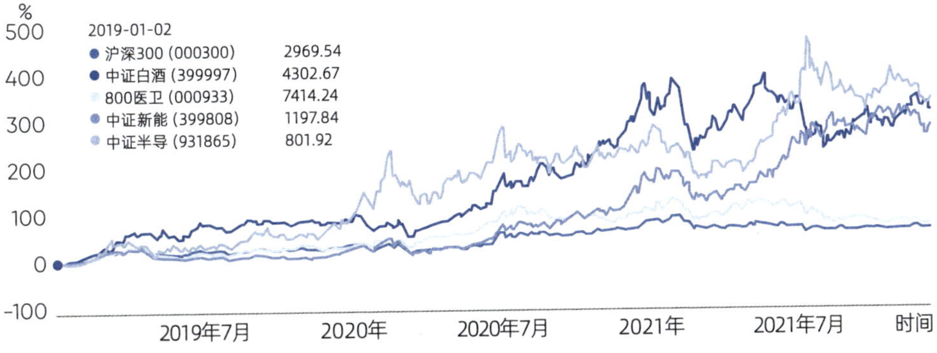

图 4–1　2019—2021 年热门行业涨幅

资料来源：中证指数官网。

紧跟热门赛道，往往更能快速得到资本市场的超额奖励。我们怎能错过热门赛道的发展快车呢？这一节我们就重点介绍基金中的热门品种——行业基金。

● 优秀行业领跑 A 股，一键获取最猛收益

这几年 A 股崛起了很多新兴热门赛道：新能源板块、光伏板块、化工板块、电池板块等。这些赛道孵化了一批批龙头公司，更难能可贵的是，这些公司在几年时间内，便将市值从两三百亿元提升至一两千亿元甚至更高，给资本市场创造出巨大的财富增量。

单就新能源板块而言，从 2021 年开始，从需求旺盛的整车，延伸到上游各类原材料，均出现过产品供不应求、量价齐升的情况，股价也随之快速上涨。

宁德时代从 2018 年上市以来，股价从 35.6 元涨至最高 692 元，涨了超 18 倍，仅仅用了 3 年多的时间；隆基绿能自 2012 年上市以来股价已涨 55 倍，不到 10 年时间，登顶成为全球光伏产业霸主；长城汽车自 2019 年初的 4.5 元 / 股，涨至最高 69.8 元 / 股，涨 14 倍；恩捷股份涨 35 倍；赣锋锂业涨 20 倍；比亚迪涨近 7 倍……

置身于这样的趋势下，很多人跃跃欲试，但热门股上车可不容易。

股票交易 1 手是 100 股，假如心动宁德时代，以 2021 年 12 月 31 日的收盘价为例，需要有 588 × 100=58800 元。这还不算印花税、过户费、交易佣金费……

有没有办法以比较便宜的方式入手这些优秀个股，用更轻松的方式享受赛道发展的红利呢？

如果你有这个想法，就可以考虑行业基金了！

行业基金可以一篮子打包标的行业的多家龙头公司，解决你不会选股、资金不足等问题，你甚至只需要把握住大方向，剩下的细节交给专业的基金经理就可以了。最重要的是，行业基金投资集中度高，收益弹性大，也能避免单押个股的波动风险。一旦踏上了风口，对应的行业基金能在短时间内表现出较强的爆发力，实现较高的超额收益。

总之，行业基金可以帮助大家解决择股困难，一篮子打包一个行业的龙头公司，

可以更轻松、更便捷地享受这个行业的价值上涨！行业基金本质上就是对一个行业优质资产的打包，我们之所以选择这个行业，而不是另外一个行业，就是认定它的增速会超过上市公司平均的增长速度，并能超越中国经济整体的增速。基于这样的一个初心，我们理想的目标就是：

行业基金的收益率 > 沪深 300 指数收益率 > 所有上市公司的整体收益率 > GDP 增长率

● 挖掘赚钱赛道，行业基金五大分类

收益来自策略，但超额收益大多数是来自认知。选什么行业，简单来说是捕捉市场上的“尖子生”，复杂点来说，是价值投资和商业视野在资本市场上的实践。

截至 2021 年末，申万的一级行业有 31 个，具体到行业基金的分类又有很多，为了方便大家理解，我们将其归类为：消费、科技、生物医药、金融与周期。

1. 消费类行业基金

受益于人口红利，消费行业牛股辈出，各国股市的10倍牛股，有大概1/3是消费股。也正因为如此，公募基金热衷于布局消费领域。

要说哪个题材能长盛不衰，白酒自然要榜上有名。如招商中证白酒指数（LOF）A，在 2021 年管理规模曾一度逼近千亿元，截至四季度末，其管理规模以 707 亿元排在权益类基金规模排行榜首位。

可以说，消费类基金依然是长期优质赛道之一。但“消费基”那么多，具体有哪些分类呢？

一是指数型消费基金。

提到消费行业，我们经常会听到必需消费品、可选消费品这两个概念。必需消费品，是日常生活中不可或缺的产品，比如食品饮料、农牧渔等，这类消费品具有

较强的需求惯性。相关指数如中证主要消费指数，其跟踪的基金有汇添富中证主要消费 ETF 联接 A、嘉实中证主要消费 ETF 联接等。

可选消费品即生活中不是非常必需的商品，可有可无，比如汽车、服装、餐饮等，业绩增长较依赖需求的迭代升级。相关指数有上证可选消费行业指数、中证海外中国可选消费指数、中证沪港深 500 可选消费指数等。

此外，消费领域还有更为细分的赛道，如白酒、饮料、零售、服装等。

二是主动管理型消费基金。

在消费行业中，知名的基金经理有很多，比如易方达的萧楠，他管理的易方达消费行业基金，从他 2012 年任职开始至 2021 年末累计收益率达 468%，年化收益率为 20.6%。萧楠是一个长期主义者，在过去 3 年间，即使遭遇市场回调，十大重仓股中的 8 只也一直坚定持有，守得花开见月明，完完整整吃到了整个行业发展的红利。

此外，在消费行业中，知名的基金经理还有胡昕炜、张坤、刘彦春等。

2. 科技类行业基金

科技行业是一个跨度非常大的行业。一般情况下我们说的科技行业指的是 TMT 板块，但伴随着整个科技行业的大发展和大融合，当前科技板块已经覆盖了通信、电子、计算机互联网、新能源等多个领域。

半导体是科技领域避不开的热点。过去 10 年，半导体行业发展非常迅猛，远好于 A 股 4000 多家公司平均水平。单就半导体材料这个细分板块来说，2012—2021 年这 10 年就涨了 1487.9%！知名的诺安成长混合基金就重仓了半导体行业，2019—2021 年这 3 年的累计收益率达到 233%！科技类行业基金同样可以分为两类：

一是指数型科技基金。

科技行业可以看中证全指信息技术指数。2012—2021 年这 10 年间，全指信息指数涨了 234.62%。跟踪该指数的基金广发中证全指信息技术 ETF 联接 C 规模达 6.2 亿元。

如果对 TMT 行业有兴趣，可以看中证 TMT 产业主题指数，代表基金有信诚中证 TMT 产业主题指数（LOF）A。

除此之外，光伏领域也值得关注，比如中证光伏产业指数，代表基金有天弘中证光伏 A、华泰柏瑞光伏 ETF 联接 A、招商中证光伏产业指数 A 等。

二是主动管理型科技基金。

科技行业不得不提到基金经理刘格菘。2019 年刘格菘大举买入以芯片为代表的科技股，他管理的基金中有 3 只收益率超过了 100%，包揽了 2019 年股票型和混合型基金的前 3 名，这在公募历史上是头一回。截至 2021 年末，他的在管资产规模达到了 773 亿元，这些资金大部分配置了半导体、新能源等科技股。

科技行业高手云集，除了刘格菘，还有非常多优秀的基金经理，比如冯明远、周应波、李元博等。

3. 生物医药类行业基金

生物医药板块大概是近几年最靓的仔之一了。就拿明星基金中欧医疗健康来说，这只基金成立于 2016 年，截至 2021 年末已经为投资者赚取了 239% 的收益。生物医药类行业基金也可以分为两类：

一是指数型生物医药基金。

从跟踪指数规模来看，行业内近 30 个医药指数中，有对应的基金产品跟踪的且跟踪指数的基金合计规模在 50 亿元以上的指数有 3 个，分别是中证医疗指数、国证生物医药以及中证创新药产业，见表 4-1。

表 4-1　跟踪指数的基金合计规模在 50 亿元以上的医药指数

指数名称	选股范围	代表基金
中证医疗指数	选取医疗器械、医疗服务、医疗信息化等医疗主题的上市公司股票	广发中证医疗指数 (LOF)A、华宝医疗 ETF 联接 A
国证生物医药	反映沪深两市生物医药产业相关上市公司的整体表现	招商国证生物医药指数 LOF
中证创新药产业	以创新药研发的上市公司作为样本	工银中证创新药产业 ETF 发起式联接 A、广发创新药 ETF 联接 A

二是主动管理型生物医药基金。

近几年来，主动管理型医药基金收益表现普遍优于同类其他基金。根据 Wind 统计数据，生物医药类行业基金规模超 50 亿元的基金有 10 只，其中 9 只是主动管理型。

4. 金融类行业基金

金融类的个股一直有“三低”的特征：估值低、平均涨幅低、机构配置低。相应地，这个行业的基金也具有类似的特点，但有时也会有爆发行情。相关指数如中证申万证券行业指数，代表的基金有申万菱信中证申万证券（LOF）。

5. 周期类行业基金

周期性行业与国内和国际经济波动相关性比较强。行业特征是产品价格呈周期性波动，而产品价格又决定了企业的盈利，所以反映在股价上也往往是暴涨暴跌。

投资周期性行业基金，建议大家选择指数型的基金，具体到相关的指数，就要看细分的行业领域了。

高收益背后也隐藏着高风险！押注单一赛道要谨慎

不要只看到超额收益，而忽视了行业基金的波动和风险！

没错，行业基金踏准了风口，确实能在短时间内表现出超强的爆发力。但也因为单押一个行业，投资标的高度集中，抗击行业风险波动的能力也较低，一旦行情不好，回撤十分剧烈。

拿易方达中概互联 50ETF 联接人民币 C 来说，这只基金囊括了港美两市场优秀的中概股公司，代表着中国过去 10 年最具创新力的赛道之一。受益于行业高速增长，基金从 2019 年成立以来到 2021 年最高点，2 年涨超 90%，跑赢沪深 300。

但自 2021 年 2 月起，中概互联网利空频出，这只基金几乎是一字下挫走势，截至 2021 年末最大回撤超 50%，净值直接腰斩。大幅回调之下，不少投资者打了退堂鼓，“中概互联”也成了大家口中调侃的“中丐互怜”。

因此，在购买行业基金之前需要充分认识潜在的波动与风险，管理好自己的心理预期，切忌盲目上车。

市场分化是常态，在热点板块频繁轮动的当下，我们更不能把太多资产押注在一个行业板块中。从资产配置的角度看，分散化、均衡化配置不同的行业基金和其他类别的基金产品，往往更能收获长期回报。关于基金组合的配置，后文将详细介绍。

● 你确定自己买的是行业基金吗？

买行业基金，就是看好这个行业的发展。但有时，部分基金会偏离投资目标，出现“风格漂移”。例如标榜是“消费基”偏偏跑去投半导体，背离投资初衷，也有违基金的战略目标。那么，我们如何快速辨别这只基金是否是自己预期内的行业基金呢？

1. 如何看投资去向？

一般而言，基金的名称有一个统一的结构：基金管理人 + 投资方向 + 基金类型。从投资方向中就可以看出这只基金是投往哪个行业的。例如，易方达消费行业基金，从名字我们就能看出来这是易方达发行的围绕“消费”这个主题进行投资的基金。

有些时候，基金名称中未明确投资的行业主题，此时我们可以看看基金前十大重仓股的行业分布。此外，在基金合同中，行业基金普遍约定须有 ≥ 80% 的股票资产投资于相应的行业主题股票。

2. 如何看是否实现了投资目标？

业绩比较基准作为基金业绩的“锚”，可以用来判断基金是否实现了投资目标。

哪怕市场在跌，只要基金跌幅小于比较基准的收益率跌幅，就说明该基金的投资运作是有效的。

这个数据可以在基金公告中找到，搜索“基金净值增长率与同期业绩比较基准收益率的对比”即可。

一般情况下，行业基金跟踪的基准标的是行业的指数。指数型行业基金只跟踪一只指数，主动管理型行业基金的业绩比较基准通常是由 2 个以上复合而成。例如，大成科技消费股票 A 的业绩比较基准包含了 4 个指数：中证科技 100 指数、中证主要消费指数、恒生综合指数、中债综合指数。

总结来说，选择顺应时代发展潮流、有发展潜力的行业，通过基金的形式长期持有，更容易收获超越中国 GDP 增速的发展红利！那么如何快速判断一个行业是否值得加入？我们又该如何从 0 到 1 选好一只行业基金呢？下一节将重点讲解如何系统地挑选行业基金。

找到最佳击球点！行业基金要这么选

行业基金是最能获取超额收益的品种，但其波动率也很大。因此，我们主张大家用价值投资的理念投资行业基金，而不是追逐热点、频繁切换赛道。

就像巴菲特说的那样，下点功夫研究，“等待最合适的投球，然后击打”。最重要的就是，找到自己擅长的击球区域，减少无意义的出击。

对普通投资者来说，什么行业会是“最合适的投球”，我们又该如何“一击命中”呢？带着这个问题，本文将会分享一个自上而下选择行业基金的思路，让你快速找到最适合自己的击球区。

本节以新能源行业基金为主要例子（不做行业及个基推荐），详解其筛选过程并梳理行业基金纵深认知的思维框架。

● 哪个行业更容易弯道超车？

回看历史，长牛赛道随处可见；但远眺未来，却处处是迷雾。识别优质赛道并不容易，我们总结了一个简单的行业分析框架，可以帮助大家去寻找一个“模糊的正确”。

1. 看行业景气度，选更容易赚钱的行业

投资最主要的逻辑就是：一看预期，二看业绩。根据两者之间的波动变化，我们可以把一个行业的发展历程简单分为：导入期、成长期、成熟期、衰退期。

导入期的行业有预期但商业模式尚在探索中，多处于爆炒概念的阶段，如元宇宙概念；成长期行业有预期且盈利模式已然清晰，各玩家跑马圈地、扩张产能，如新能源行业；成熟期行业有稳定增长的业绩但预期处于下滑阶段，龙头企业多探索第二增长曲线，如白酒行业；衰退期行业多存在被看空预期，当下业绩也受到影响，失去基本面支撑，如教培行业。

根据行业生命周期模型，我们可以建立起基本的周期思维，以便在较短时间内知道这一行业的业务发展处在什么阶段。作为基金选择的参考，建议大家尽量多看处在成长期、成熟期的行业。这样的行业赛道，有市场公认的成长性及合理的投资逻辑，可在一定程度上保证长期景气度。

“人生发财靠周期”，锚准了周期向上的行业，可以帮助我们屏蔽掉很多短期热点轮动的噪声。

然而高景气度的行业，又可细分出多条产业链，且产业链上又有价值高低的分布。这时候，我们还需要进一步分析。

2. 看产业链，定位最核心环节

通过研究一个行业的产业链，我们可以从局部到整体对这个行业有一个系统的了解，站在更高的维度思考这个行业以及各个细分行业的投资价值。产业链的研究水很深，新手抓住 3 个要点就行了：

第一，从源头到终点都有哪些环节？

第二，每个环节凭借什么关键因素，创造了什么价值，获得它所应得的利益？

第三，谁最终掌握产业链的定价权？

其中第三点尤为重要，这是理解产业上下游供应、销售与竞争关系的主线基点。

以新能源行业为例，除了光伏、风电板块外，我们日常接触最多的就是新能源整车。而新能源整车产业链上下游分布为：

上游：矿产资源。它是整个产业链的血液，为整个新能源车产业链提供基础原材料。

中游：动力电池生产、电机电控以及汽车零部件制造等环节。它往往是产业技术进步的中坚力量，相关企业会不停地寻找一些新的技术突破点，用以提高产品性能，同时降低成本。

下游：整车组装和充电桩服务两个细分领域。主要反映的是终端消费需求。

而新能源车区别于传统车的关键就在于使用电力或氢能驱动。那么产业链中的电池生产也就是最关键的环节了，具有代表性的个股有宁德时代、亿纬锂能等。清楚了这一点，我们在找布局新能源车行业的基金时，就可以重点关注基金的持仓中相关企业的占比。

总结一下，建立周期思维，拥有产业链分析思路，可以帮助我们更好地看清行业基金的基本面。从这点上来看，我们在投资行业基金时，也可以不断积累认知，并把认知在市场中变现成账户收益。

● 看行业估值，选准时机

被动管理的模式，使得看估值这样的技能变得格外重要。买入的时间节点对投资收益的影响非常大。在看指数基金的估值时，重点看指数的 PE。

1. 看行业 PE

如图 4-2 所示，中证新能源汽车产业指数（930997）的市盈率（PE）是 103.43，PE 百分位是 80.31%，属于估值相对较高水平。

图 4-2　中证新能源汽车产业指数 PE 和 PE 百分位

资料来源：投资数据网。
注：数据截至 2021 年 12 月 24 日。

需要提醒大家注意：一个指数在高估值的情况下，短期不可避免有回调的风险，建议大家谨慎参与。

但另外一方面，高估值的行业如果同时具有极高的成长性，也不是不可入场。因为高速增长的业绩可以较快消化掉高估值风险。市场普遍认为，最近两年新能源整车行业的业绩增长较为强劲，在可预期的情况下，成长性的确很好。但这种成长性会持续多长时间，存在很大的不确定性。比如"坚定选择成长确定性比较强"的易方达"一哥"张坤，就没有买新能源相关个股。

这里并没有谁对谁错之分，只是跟个人的投资风格、研究理念相关。高景气度、高确定性、合理估值，这三者本身就是"不可能三角"。如果想入手高估值行业的热门赛道基金，可以在估值较低或回调阶段，选择合适的时间入场。

2. 如何快捷查看行业是否高估？

指数的估值究竟属于高估还是低估，普通投资者应该怎么看，有没有简单的方式呢？

可以参考雪球 App 的"指数估值"工具（见图 4-3）。这个工具通过 PE/PB 在历史上的百分位分布，对全市场有场外指数基金跟踪的"银行""生物医药""通信"

“食品饮料”“汽车”等18个行业进行大致估值，可以快速解决行业指数基金“何时买”的问题。

指数估值

指数名称	指数类型	PE	PE百分位
500低波 偏低 CSI930782	策略指数	15.77	13.47%
证券公司 偏低 SZ399975	行业指数	16.06	12.90%
标普500 偏低 SP500	宽基指数	18.57	24.72%
国企指数 适中 HKHSCEI	宽基指数	8.23	41.32%
央视50 适中 SZ399550	策略指数	8.24	31.92%
中证煤炭 适中 SZ399998	行业指数	8.73	11.59%
50AH优选 适中 SH000170	宽基指数	9.55	38.85%
上证50 适中 SH000016	宽基指数	10.08	52.72%
沪深300 适中 SH000300	宽基指数	12.26	49.00%
中证500 适中 SH000903	宽基指数	13.66	93.28%

图 4-3　雪球 App 指数估值工具

资料来源：雪球 App。

那么主动管理型行业基金应该如何判断是否高估呢？我们可以通过前十大持仓股中每只个股的估值水平，算出这只基金大概的估值高低，进而判断其当下的风险大小。

● 投资行业基金时，切记这两点

1. 注意风险管理，控制投资比例

行业主题基金单押宝一个行业，也就意味着更容易受到市场情绪的影响，抗击

行业风险波动的能力较低，单日涨跌幅超过 5% 并不是什么新鲜事。建议大家不要把自己的子弹押注在一个行业上，分散、均衡的配置可以让你的账户波动处在合理可控的范围内，也就能长期拿得住，赚到行业发展的红利。

2. 拿得住，心态稳

行业主题投资看似简单，其实很难。它考验的是我们是否有自己独特的投资系统，能否掌握行业的投资逻辑、估值逻辑、交易逻辑，把握好买卖的时间节点。如果你在上涨的周期里，也能看到其中的对立面与隐忧，不盲目乐观；在下跌周期中，能保持自己对行业的信心，不过度放大缺点，那么就成功了一大半。

此外，了解自己的局限性，不赚能力圈之外的钱，也是明智的选择。去投资主动管理型的行业基金，找到自己高度信赖的基金经理，把投资的大部分问题交给基金经理来解决，我们面临的投资难度会直线下降。

同一个赛道的基金，应该如何选？

布局同一个赛道的基金有几十只甚至上百只，同一天的行情，有的可以涨不少，有的却下跌。作为普通投资者，如何才能在同一赛道中挑选出最出众的基金呢？

本节将以新能源、消费、TMT、生物医药四大热门赛道为例，教你一套简单、方便、有效的选择行业基金的方法，可以简单概括如下：

- 找对基金：看好的行业都有哪些基金；
- 明确左右：有的行业更适合指数基金，有的则更适合选主动基金；
- 自上而下：简单、科学地测评一个行业基金的思路。

特别提示：文中提及的产品仅做教程案例，不涉及任何投资建议，请读者朋友把关注点放在方法学习上，根据自己的需求，做出独立的投资判断。

看好的行业都有哪些基金

有个选基口诀在互联网中广为流传："赵诣专攻新能源，中欧葛兰医药全，白酒记得找张坤，消费还看刘彦春，军工来跟李轩混，指数侯昊有定论，科技广发刘格菘……"实际上，各个赛道表现优异的行业基金不止一个，跟着爆款买基金，又很容易买在高点。不如扩大自己的筛选样本量，通过指标筛选和数据验证，会对这个行业的基金有更清晰的全局视野。

首先，如何从全市场找到布局这个赛道目标明确的基金？

前文提到，我们可以从基金的名称里简单判断出基金布局的行业方向。但这个判断比较模糊，要精准锁定投资目标明确的行业主题基金，还需要参考合同约束的投资行业方向，甚至业绩比较基准。

以新能源行业基金的筛选为例，下面我们用 Wind 数据软件进行筛选。

先从“基金简称”入手，挑选名称中包括新能源、智能汽车、新材料、优势产业、碳中和、光伏、风电、储能等词汇的基金；同时设置条件“所属主题基金类别归属”和“前 N 大行业名称”来框定基金的投资范围。

基于以上，我们还可以再设置一下筛选条件：

一是选择股票型基金（包括指数型、指数增强型、主动偏股型、主动混合型，并去掉 QDII 类）；二是基金规模超过 2 亿元（规模太小则容易清盘）；三是基金成立时间超过 1 年（一定的运作期限以便考察业绩）；四是去掉 C 类型的基金（C 类型只适合短期投资）。

截至 2021 年 12 月 31 日，共查找到 45 只管理规模在 2 亿元以上的高纯度新能源行业主题基金，其中被动指数型有 22 只，主动管理型有 23 只。

需要注意的是，如果基金简称或投资目标中包含了“轮动”“轮换”等诸如此类的关键词，则表示基金经理会有较强的择时、追热点风格，也许在某个时间区间存在明显的行业倾向，但未来可能还会随着景气度的转移而发生行业布局的变化。这就背离了我们选择行业基金的初衷，因此这类基金不在本次筛选范围内。

其他行业基金的初筛也可以参考以上标准，表 4–2 列举了不同行业主题基金在简称、投资目标上的筛选关键词。

基于以上标准，我们从全市场的基金中，对消费、科技、生物医药 3 个行业的基金也进行初步筛选，见表 4–3。

表 4-2 行业基金筛选关键词

行业	关键词
新能源	新能源、智能汽车、新材料、碳中和、光伏、风电、储能……
消费	食品、饮料、消费、家电
科技	科技、TMT、电子、计算机、人工智能、通信、信息、芯片、互联网、物联网、集成电路……
生物医药	医疗、卫生、保健、健康、药

表 4-3 消费、科技、生物医药行业基金筛选结果 单位：只

四大赛道	基金数量总计	指数型数量	主动管理型数量
新能源行业基金	45	22	23
消费行业基金	92	23	69
科技行业基金	186	68	118
生物医药行业基金	134	35	99

资料来源：Wind。
注：数据截至 2021 年 12 月 31 日。

有了行业主题基金初选池之后，我们就可以进一步优中选优了。

● 选指数还是选主动?

20 世纪 60 年代，“夏普比率”中的“夏普”本人——威廉·夏普观察到了金融资产的收益可以大致分成两部分：贝塔（β）收益、阿尔法（α）收益。

β 收益是指自己不操作，纯靠市场上涨赚的钱；而 α 收益则是靠交易操作跑赢市场的超额收益。前者可对应为指数基金，后者是主动基金。两者的区别主要是基

金经理的“作用力”。

指数基金的底层逻辑是：市场有效，顺势而为就能战胜一切。所以削弱了基金经理的作用。

主动基金的底层逻辑是：主动出击，通过选股、择时和仓位管理，就能战胜市场。所以强调基金经理的作用。

针对行业基金，面对该选择主动还是被动的时候，便可以将问题转化为：这个行业里，是否存在较大的选股空间？是否能获得超额收益？

如果把一个行业当作一个班级，“个股”作为班级里的学生，行业基金就好比由班主任挑选一组学生去参加竞赛，判断“选股空间”则要看同一个班级里的学生实力差异是否明显。

（1）假设一个班里，不存在具有明显碾压实力的尖子生，但是大家学习劲头较高，较多同学具有黑马潜质，这种情况下，选谁去竞赛就需要班主任精挑细选了，而班主任选择的结果，对比赛的输赢起到至关重要的作用，就像基金经理对主动管理型基金的重要意义。

这类行业可以称作“黑马”型行业，其处于成长期，长期业绩可期，谁能押中黑马，谁就能获得超额收益。而且因为大家“各具特色、各显神通”，不容易受相同投资主线所驱动，出现同涨同跌的概率也低，这就给基金经理选股留足了空间。

也就是说成长型“黑马”行业更适合选择主动基金，这样的行业有新能源、医疗器械、化学制药、汽车零部件、科技互联网等。

（2）如果一个班是实验班，整体表现优异，全部送去参加比赛都可以；或是学霸领头班，有 2 ~ 3 个稳定发挥的学霸，能够直线拉升班级平均分，可以带着其他同学一起参加比赛。这两种类型的行业处于成熟期，龙头公司权重占比大，整个行业商业模式同质化也高，收益更多来自贝塔部分，购买指数基金这种“全垒打”的投资方式比较适合。比如：食品饮料、白酒、大金融等行业。

尽管如此，有一点还是要说明，选指数基金还是主动基金，除了要看行业特质以外，更需要结合自身的投资需求以及认知程度去决策。

自上而下，给基金池做全面体检

1. 被动指数型行业基金

我们以新能源行业基金举例。

由于 ETF 只能在场内交易，我们先去掉 ETF。同时，被动指数型产品的投资标的往往会下沉至细分的二级行业，不同的细分行业逻辑又大不相同，我们把相关指数进行汇总，见表 4-4。

表 4-4 新能源行业指数汇总

指数	指数简称	指数代码
综合类	国证新能	399412.SZ
	中证新能	399808.SZ
光伏	光伏产业	931151.CSI
电池	CS 电池	931719.CSI
新能源车	新能源车	930997.CSI
	CS 新能车	399976.SZ
	CS 智汽车	930721.CSI
储能	中证储能	931747.CSI

资料来源：Wind。

目前来看，新能源汽车的指数较多，跟踪的指数基金也多。以新能源汽车的指数基金为例，我们来展示一下指数基金的筛选标准。

第一，看基金规模和跟踪误差。

截至 2021 年 12 月 31 日，市场上共计有 5 只规模在 10 亿元以上的新能源汽车被动指数型场外基金。

除了基金规模外，要观察一只被动指数型基金是否值得选择，还要看跟踪误差。跟踪误差越小，说明指数基金跟踪指数越紧密。我们把跟踪误差幅度明显较大的两只基金排除，筛选出来 3 只产品，见表 4-5。

表 4-5　新能源行业指数基金筛选结果

证券代码	基金简称（官方）	基金经理（现任）	基金规模（合计）（亿元）	跟踪指数名称	跟踪指数代码
501057.OF	汇添富中证新能源汽车产业指数（LOF）A	过蓓蓓	177.36	新能源车	930997.CSI
011512.OF	天弘中证新能源车 A	沙川、林心龙	10.88	CS 新能车	399976.SZ
161028.OF	富国中证新能源汽车指数 A	牛志冬、张圣贤	113.86	CS 新能车	399976.SZ

资料来源：Wind。

第二，通过基金费率筛选。

费率越低，投资者实际到手的收益也会越高，基金的长期业绩也更具有竞争力。我们可以在雪球 App 中查看每只产品的费率结构，包括运作费用、申购费和赎回费，选择费率最低的那一只，就大功告成啦。3 只新能源行业指数基金的费率见表 4-6。

表 4-6　新能源行业指数基金费率统计　　单位：%

证券代码	基金简称（官方）	（总）年度费率	（总）年度费率 - 雪球
501057.OF	汇添富中证新能源汽车产业指数（LOF）A	2.30	1.30
011512.OF	天弘中证新能源车 A	1.65	0.75
161028.OF	富国中证新能源汽车指数 A	2.92	1.84

资料来源：Wind。

用同样的步骤，我们也来筛选一下必选消费行业。截至 2021 年 12 月 31 日，共找到 3 个管理规模在 10 亿元以上的必选消费行业指数基金（场外），见表 4-7。

表 4-7 必选消费行业指数基金筛选结果

证券代码	基金简称（官方）	（总）年度费率（%）	（总）年度费率－雪球（%）	基金经理（现任）	基金规模（合计）（亿元）	跟踪指数名称	跟踪指数代码	跟踪误差
001631.OF	天弘中证食品饮料 ETF 联接 A	1.65	0.75	沙川	81.6361	CS 食品饮	930653.CSI	0.11
160222.OF	国泰国证食品饮料行业指数 A	1.90	1.90	梁杏	72.0026	国证食品	399396.SZ	0.18
000248.OF	汇添富中证主要消费 ETF 联接 A	2.10	1.20	吴振翔、过蓓蓓	55.6597	中证 800 消费	000932.SH	0.11

资料来源：Wind。

2. 主动管理型的行业基金

以生物医药行业为例。我们以“基金规模”剔除市场认可度较低以及热度过高的产品，再以“基金业绩”筛选出历史表现优异的基金，最后再以“最大回撤”剔除抗跌能力较差、持有体验不佳的产品。

首先，还是看基金规模。

被动指数型基金，规模越大越好，但主动管理型基金规模多大才有说服力呢？从收益的角度来看，过去 3 到 5 年管理规模在 300 亿元以下及 10 亿元以上为宜。

究其原因，超大规模的基金无法灵活、快速地调换仓位。比如，相比小规模基金，一个千亿级别基金的重仓股的转换时间和转换成本都是巨大的。当市场风格骤然转换时，这些千亿级基金往往“反应”慢一些，无法通过精准的交易获得收益。而规模较小，则会面临清盘风险。还需注意的是，基金规模小的话，基金经理也会有操作上的限制。

据此，我们从生物医药行业的主动管理型基金中筛选出 48 只。

其次，看基金业绩。

买行业基金，就是冲着高收益来的。因此我们在做选择时，权重最大的毫无疑问依然是过往业绩。那么，业绩考察，应该用什么指标呢？

我们采用两个指标，一是区间净值超越基准收益率，将单位净值增长率与业绩比较基准增长率做比较，看基金在这个行业里表现是否及格；二是年化收益率，来看押注这只基金后赚钱的概率大小。据此筛选出排名前 10 的基金，见表 4–8。

表 4-8　医药行业主动基金筛选结果

证券代码	基金简称（官方）	基金经理（现任）	基金规模（合计）（亿元）	区间净值超越基准收益率（%）	区间收益率（年化）（%）
006002.OF	工银医药健康股票 A	谭冬寒	37.74	203.55	41.05
006228.OF	中欧医疗创新股票 A	葛兰	130.94	107.54	34.84
006218.OF	富国生物医药科技混合 A	曾新杰	11.09	101.12	33.19
006113.OF	汇添富创新医药混合	郑磊	104.78	139.60	32.61
005176.OF	富国精准医疗灵活配置混合	赵伟	38.11	167.30	30.60
004851.OF	广发医疗保健股票 A	吴兴武	136.92	172.59	29.61
004075.OF	交银医药创新股票 A	楼慧源	39.16	202.71	29.17
001717.OF	工银前沿医疗股票 A	赵蓓	211.25	272.00	27.78
002708.OF	大摩健康产业混合 A	王大鹏	17.30	176.45	24.07
005453.OF	前海开源医疗健康 A	曲扬、范洁	30.78	107.19	22.99

资料来源：Wind。
注：统计区间为基金成立日至 2021 年末。

再次，看基金的风险控制水平，即最大回撤。

简单来看，最大回撤就是某一段时间内基金净值从最高点回落到最低点的幅度。如果最大回撤是3%，这意味着你如果投入1万元，在这个时期，你可能会面临300元的损失。

这是一个极端化的风险数值，一般而言，大多数主动权益类基金的回撤还是可控的。抛开 2008 年与 2015 年的大熊市，在一般性的市场回调与中等规模的熊市里，优秀的主动权益行业基金的最大回撤一般能控制在 30% 以内。但生物医药行业近两年经历过一拨巨幅震荡，基金普遍回撤较大。我们就把筛选指标控制在 40% 以内，这样得到 5 只基金，见表 4–9。

表 4-9　生物医药行业主动基金最大回撤

证券代码	基金简称（官方）	基金经理（现任）	基金规模（合计）（亿元）	区间净值超越基准收益率（%）	区间收益率（年化）（%）	最大回撤（%）
006002.OF	工银医药健康股票 A	谭冬寒	37.74	203.55	41.05	-30.65
002708.OF	大摩健康产业混合 A	王大鹏	17.30	176.45	24.07	-31.24
004075.OF	交银医药创新股票 A	楼慧源	39.16	202.71	29.17	-35.21
006218.OF	富国生物医药科技混合 A	曾新杰	11.09	101.12	33.19	-35.84
001717.OF	工银前沿医疗股票 A	赵蓓	211.25	272.00	27.78	-37.44

资料来源：Wind。
注：统计区间为基金成立日至 2021 年末。

综合来看，如果看重回撤控制，可重点观察谭冬寒的工银医药健康股票 A，这只基金在筛选列表中回撤最小，且年化收益率也比较高；如果看重基金的综合业绩表现，可关注赵蓓的工银前沿医疗股票 A，可以看到它近 3 年业绩表现是跑赢其他基金的（见图 4–4）。

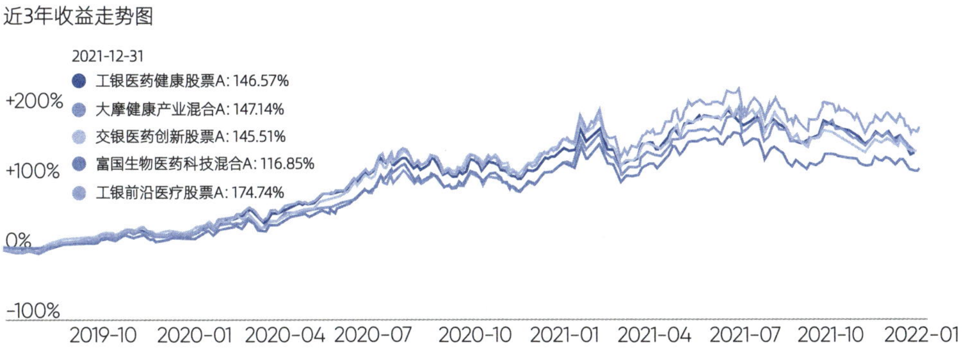

图 4–4　生物医药行业主动基金业绩走势

资料来源：Wind。

最后，是对基金经理的认识。

对于个人投资者而言，在选择主动基金后，在保留一些基础的定量分析和筛选原则后，更多的精力还是应该放在对基金经理的一些定性和主观认识上。比如作为公募基金生物医药行业的“一姐”葛兰，因为基金规模过大，影响了超额收益，被排除在筛选范围外。但其实力确实很强，有不少坚定的追随者。

关注基金经理的理念、框架、观点，会让你在持有基金的过程中更笃定、更舒适，对短期业绩压力的耐受度也会更高。而如何对基金经理进行系统分析，我们将在下一章讲解。

使用同样的方法，我们来筛选科技行业的主动管理型基金。唯一需要说明的是，这里的最大回撤筛选了 30% 以内的。经过筛选后发现：袁芳的工银文体产业股票 A，以及冯明远的信达澳银核心科技混合，这两只基金不管是在回撤控制，还是在区间胜率上都表现优异，见表 4-10。

表 4-10　科技行业主动基金筛选结果

证券代码	基金简称（官方）	基金经理（现任）	基金规模（合计）（亿元）	成立年限（年）	区间净值超越基准收益率（%）	区间胜率（%）	区间收益率（年化）（%）	最大回撤（%）
001714.OF	工银文体产业股票 A	袁芳	130.23	6.33	346.72	58.96	26.60	−20.43
006751.OF	富国互联科技股票型 A	许炎	44.79	3.09	172.38	58.04	48.06	−24.24
007340.OF	南方科技创新混合 A	王博	26.49	2.98	152.62	56.20	52.68	−27.23
004616.OF	中欧电子信息产业沪港深股票 A	许文星、刘金辉	18.61	4.81	175.47	55.22	27.01	−29.27
007484.OF	信达澳银核心科技混合	冯明远	14.90	2.71	132.11	57.72	50.45	−21.76
005962.OF	宝盈人工智能股票 A	张仲维	12.92	3.70	215.39	54.91	44.96	−27.92

资料来源：Wind。
注：统计区间为基金成立日至 2021 年末。

以上只是用静态的指标来看基金的历史表现。实际上，基金的表现是动态变化的，虽然目前看起来表现不错，但未来也可能受市场环境、基金经理操作以及投资者申赎等各项因素影响而表现不佳，因此需要我们持续跟踪关注。大家可以通过雪球社区与四千多万的投资者一同交流学习，逐步提高对行业基金的分析能力。

此外，大家还可以加入雪球基金的社群，和基民们一同讨论学习。这一节我们同样准备了视频课程（扫左侧二维码观看），带你一起分析一只行业基金。希望你通过观看视频能对行业基金有更深刻的了解，并且慢慢掌握具体的分析思路。

第 5 章

看好炒股能力，选主动基金

优秀的主动基金可以打败指数、赚取超额收益，但是选出优秀的主动基金难度很大。选主动基金的核心在于选“人”，我们可以用“长期净值、业绩归因、人格认知”十二字方针来甄别基金经理是否足够优秀。首先看其长期业绩是否跑赢市场，其次找到基金经理取得高收益的原因，最后结合他的言论和理念，看看基金经理是否知行合一，判断其业绩增长是否具有持续性。

让最牛的人帮你炒股，赚取超额收益！

通过阅读前文，相信大家对沪深 300、中证 500 等指数基金已经有了深入的了解。如果我们不想只是跟随市场，而是想打败市场，追求更高的收益，应该如何做呢？

答案就是通过挑选优秀的主动基金来获取超额收益。

如果把指数基金比作一个工具的话，那么主动基金更像一个管家。优秀的基金经理可以通过自身的认知和研究，帮助我们在上市公司中找到增长更快的那些公司。投资它们能够取得大于指数的超额收益。

近几年市场涌现出了众多明星基金经理，如张坤、谢治宇、葛兰、朱少醒、赵蓓等，他们的收益大幅跑赢市场。例如，朱少醒 16 年获得了超过 20 倍的收益，谢治宇 8 年获得了超过 7 倍的收益，张坤 9 年获得了超过 6 倍的收益等。如果你能挖掘出优秀的基金经理，就可以更加省心省力，直接把钱交给他们来管理。

这一节，我们就来探讨如何挖掘出优秀的基金经理，让他们帮你获得超额收益。

● 为什么投资 A 股的主动基金能打败市场？

1. 过去 10 年，主动基金在 A 股大显神威

优秀的基金经理，能够大幅跑赢市场，获取超额收益。截至 2021 年 11 月 30

日，朱少醒管理的富国天惠 16 年间取得了 2043% 的收益，谢治宇管理兴全合润混合 8 年多的时间取得了 718% 的收益，张坤管理易方达优质精选混合 9 年的时间取得了 608% 的收益。

即便刨除个例，从总体来看，如图 5-1 所示，2011—2020 年，普通股票型基金指数、偏股混合型基金指数、灵活配置型基金指数的年化收益率均超过了 10%；宽基指数方面，万得全 A、上证指数、沪深 300 的年化收益率分别为 7.1%、2.1%、5.2%。从整体来看，这 10 年股票基金、偏股基金和灵活配置基金都跑赢了沪深 300 指数。

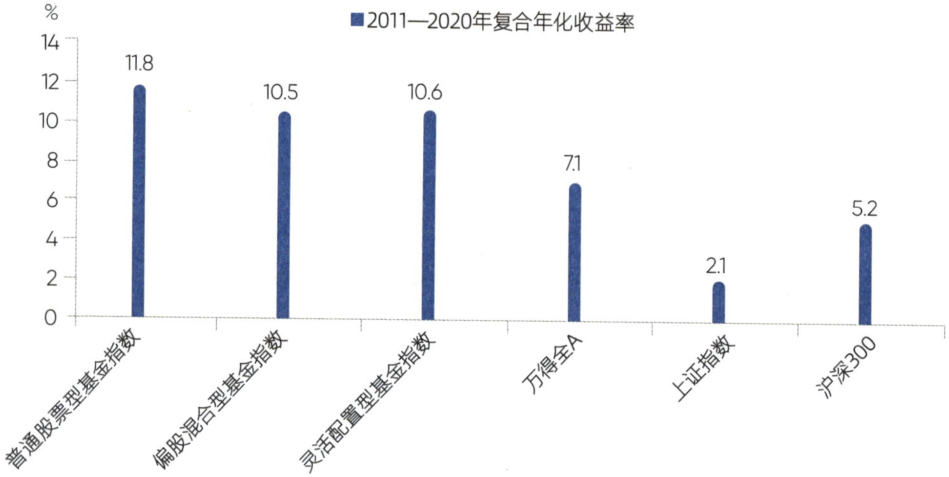

图 5-1　国内公募主动权益基金和指数收益对比

资料来源：Wind，东吴证券研究所。

2. 超额收益来源——散户的频繁交易

看到这里，你可能会好奇：为何指数基金败给了主动基金？为什么“巴菲特 10 年赌约”——2008 年巴菲特用标普 500 指数和主动权益基金赌 10 年业绩轻松赢了赌注，在 A 股会失效？

在资产管理领域，有两种经典的投资理念——阿尔法（α）与贝塔（β），前者认为市场是无效的，即市场信息不能迅速地反映到资产价格当中，通过主动投资能够获取超额收益；而后者认为市场是有效的，市场信息能瞬间反映到资产价格当中，市场是不存在超额收益的。

A 股主动基金获取超额收益的能力要远远大于美股，这说明 A 股还不够成熟，市场有效性还不够高。

市场有效性不高，主要源于 A 股的散户较多，交易频繁。《上海证券交易所统计年鉴（2018 卷）》的数据显示，截至 2017 年 12 月 31 日，沪市一共有投资者 1.95 亿人，其中自然人投资者有 1.94 亿人，也就是说散户占比超过了 99%。

从结果来看，散户当年盈利 3108 亿元，而专业机构的盈利高达 11156 亿元，后者是前者的约 3.6 倍。但从交易情况来看，个人投资者的交易金额却占到 2017 年交易总额的 82.01%，而机构投资者只有 14.76%。

两相对比，个人投资者用相当于机构投资者 5 倍的交易额，取得了机构投资者约 30% 的收益，这充分说明散户的频繁交易其实正是机构超额收益的来源。有句股谚，“七亏二平一赚”，说明在股市赚钱的人永远是少数，而公募主动基金显然就属于少数赚钱者。

既然事实已经证明散户无法打败机构，那不如顺势而为，打不过就加入它。

千里挑一，如何选出优秀的基金经理?

如果说投资指数基金的聚焦点在宏观经济或者行业，那么选择主动基金的聚焦点则在于“人”。我们看似是在买基金，实则是在雇佣基金经理，是在选人。

截至 2022 年年中，公募基金产品数量超过 10000 只，公募基金经理人数近 3000 人。不论是专业投资者还是普通投资者，面对越来越丰富的基金产品、五花八门的类别、花哨的产品名称、几千名公募基金经理，应该如何选择，成为一个不小的难题。

针对这个难题，我们有十二字方针，“长期净值、业绩归因、人格认知”，可以帮助大家从数千名基金经理里面选出优秀的基金经理。

1. 长期净值

我们经常看到这样的讨论，“某某基金经理很猛，最近几个月的收益很高”“某某最近两年太差了，换掉吧”。其实，短期业绩都是能力和运气混杂的结果，时间越短运气成分占比越高。和吃饭、买车不同，作为投资者，在绝大部分时间里，我们无法判断一只产品的好坏。

首先，短期业绩为什么不靠谱呢？

我们来看一组数据。兴业证券做过一个测算：假设我们从 2010 年 1 月开始，每次买入前半年业绩表现最好的基金，持有半年后赎回，然后将赎回资金再度买入业绩表现最好的基金，最终收益反而比简单持有偏股混合型基金指数少了 139%（见图 5–2）。

图 5–2　2010 年 1 月—2021 年 1 月追热点买基金对比持有偏股混合型基金指数

资料来源：兴业证券。

为何会有这种现象呢？主要是因为每年表现最好的基金大部分为行业基金，而行业轮动速度太快，今年的“小甜甜”明年可能就会变成“牛夫人”。比如食品饮料行业，2017 年的涨幅高达 54%，2018 年却大跌 22%；再比如电子行业，2018 年跌幅为 42%，2019 年却大涨 74%。

所以，买基金不能被短期的高收益所迷惑，更应关注长期业绩。基金圈儿里人常说，“一年翻倍者多，三年一倍者少”，讲的就是长期业绩的重要性。

其次，长期业绩应该有多长呢?

一般来说，时间越长，业绩的有效性越高，尤其是从业 8 年以上，经历过牛熊洗礼，还能保持超额收益的基金经理，大都很优秀。如果从业时间不够长，我们至少也要看 3~5 年的业绩，才能合理评估基金经理的投资能力。一般来说，3~5 年以上年化收益能够超过 15%，就算是比较优秀的基金经理。

最后，我们在看重业绩的同时，也要关注风险。

在投资过程中，最大回撤是衡量风险的重要指标。我们可以通过它去衡量基金经理的风险控制水平，评估如果我们买这只基金，阶段性面对的最大损失可能是多少。

比如 2018 年沪深 300 的最大回撤是 46%，如果同期某只基金的最大回撤是 20%，我们就可以据此得出结论，该基金经理的风险控制水平优于市场，在市场惨淡时，可以减少我们的损失。另外，我们还要关注一下基金发生大幅回撤后，需要多久才能涨回来，毕竟时间才是最大的成本。

2. 业绩归因

基金的业绩只是一个表象，想要更深入地了解一个产品，我们需要看这个业绩是基金经理通过哪些操作取得的，到底是运气还是实力。

首先，我们要判断基金经理是选股派还是择时派。选股派是指通过精选个股，长期持有，赚取企业成长的收益；择时派是指通过低买高卖赚取差价，兴全精选的基金经理陈宇将其形容为“做有效率的投资”。我们可以通过两点来判断基金经理的门派。

第一，观察股票仓位的历史变化。如果一只基金的股票仓位长期保持在一个区间内，比如 80%~90%，没有太大变化，一般属于选股派；如果一只基金的股票仓位时高时低，一会 90%，一会又降到 60%，一般来说属于择时派。

第二，用换手率去佐证，因为有些保持高仓位做行业轮动的基金，通过仓位变化是看不出来是选股还是择时的。换手率就是指一年内基金会把持仓股票换几遍。如果是 100%，就是一年把股票换一遍；如果是 1000%，就是一年把股票换 10 遍。一般来说，换手率在 200% 以内的基金经理偏重选股，换手率超过 500% 的则偏重择时。

其次，我们要评估他们的选股能力和择时能力强不强。

如果该基金经理是选股派，我们需要看看究竟是哪些股票给他带来了超额收益。通过观察基金经理的历史重仓股及其表现，我们就能大致判断他的选股能力。如果该基金经理的重仓股大部分都赚到了钱，这大概率说明基金经理选股能力很强。如果该基金长期持有过的重仓股大多表现不佳，那么这大概率说明基金经理的选股能力较弱。比如朱少醒，其重仓过的个股如贵州茅台、五粮液、国瓷材料、宁波银行、伊利股份、韦尔股份等，都是大牛股。

如果该基金经理是择时派，我们需要看他的业绩是不是稳定。择时派频繁交易，目的是能够在任何时候都跟上市场节奏，所以稳定性就很关键，业绩不能忽上忽下。如果今年赚 50%，明年跌 10%，就说明基金经理的择时能力不足。

如果长期业绩和稳定性都相差不大，可以选择换手率更低以及管理规模更小的基金经理。换手率低意味着每一次交易能带来更大的超额收益；管理规模小意味着基金经理择时会更加灵活，取得超额收益的可能性更大。

再次，我们要关注基金经理持股的集中度，判断其是集中还是分散。

一般来说，集中度指的是前十大重仓股持仓占比，或者是基金在某一行业股票上面的仓位比重。持仓集中度不仅反映了基金经理的理念和风格，也是度量风险的重要尺度。

比如张坤管理的易方达蓝筹精选，2021 年三季报显示，前十大重仓股占比高达近 87%，且贵州茅台、泸州老窖、五粮液、洋河股份 4 只白酒股的占比就接近 40%，这就是典型的集中式持仓（见表 5-1）。赶上白酒行情好的时候，张坤的基金业绩进攻性会很强；当白酒板块集体回调的时候，基金回撤也会很大。

表 5-1 易方达蓝筹精选前十大重仓股			单位：%
股票	占股票市值比	占基金净值比	所属行业
泸州老窖	10.75	9.93	食品饮料
贵州茅台	10.72	9.90	食品饮料
五粮液	10.64	9.83	食品饮料
海康威视	10.57	9.76	计算机
香港交易所	10.27	9.49	非银金融
洋河股份	10.26	9.48	食品饮料
腾讯控股	10.14	9.37	传媒
招商银行	8.99	8.31	银行
伊利股份	6.19	5.72	食品饮料
平安银行	5.56	5.13	银行
合计	94.08	86.92	

资料来源：Wind。

再比如朱少醒的富国天惠基金，2021 年三季报显示，前十大重仓股占比仅为 32.91%，且持仓行业比较分散，属于典型的分散型基金（见表 5-2）。

表 5-2 富国天惠前十大重仓股			单位：%
股票	占股票市值比	占基金净值比	所属行业
贵州茅台	5.63	5.28	食品饮料
韦尔股份	4.09	3.83	电子
伊利股份	3.93	3.68	食品饮料
宁波银行	3.57	3.35	银行
五粮液	3.52	3.30	食品饮料
宁德时代	3.41	3.20	电力设备
杰瑞股份	3.24	3.03	机械设备

续表

股票	占股票市值比	占基金净值比	所属行业
捷佳伟创	2.66	2.50	电力设备
宝信软件	2.64	2.47	计算机
国瓷材料	2.42	2.27	基础化工
合计	35.1	32.91	

资料来源：Wind。

一般来说，集中式持仓的基金，进攻性强，风险也高；分散持仓的基金，虽然进攻性弱一点，但波动也小一些。

最后，我们要知道基金产生最大回撤的原因。控制回撤最能体现基金经理的风险控制能力。

如果我们在观察某只基金的长期净值时，发现其回撤比同期的市场基准回撤大，这时候我们就要找到表现差的原因——是仓位太重，还是基金经理错误择时。

比如朱少醒的富国天惠，每次大幅回撤都和沪深300的回撤幅度旗鼓相当，经过对比后我们发现是因为其常年高位持仓的原因，一旦市场整体走熊，大幅回撤就不可避免。

产生大幅回撤后，有的基金能够在一年半载快速修复，这种现象或许可以说明基金经理的选股能力或者择时能力依然优秀，能够快速熨平亏损；如果大幅回撤后基金净值好几年还在原地踏步，则说明基金经理的操作可能出现了实质性问题。

当然，如果某基金的回撤控制大幅优于市场基准，我们也要找到基金经理哪点做得好，才有这样的效果。

3. 人格认知

从长期业绩到业绩归因，都是冷冰冰的数据分析，但是投资主动基金的本质是投资人，每一条净值曲线，都是基金经理价值观、人生观的折射。

人格认知是对基金经理更高维度的理解，只有深刻了解一个人的价值观和理念，才能更加深刻地理解他管理基金的底层逻辑，知晓他是否知行合一，从而判断他的业绩是否具有持续性。

举个例子，某基金经理经常宣称自己是价值投资，长期持股，和优秀的企业一起成长，但是一看其换手率，竟然高达 700%，这显然就是行业轮动风格，而不是价值投资。

还有的基金经理，明明管理的是医药主题基金，结果因为新能源板块的涨势好，就去追新能源股票，这也是表里不一。短期或许能取得不错的业绩，但是长期来看，知行不一、风格漂移的基金经理是难以持续取得优异业绩的。

挑选一个业绩优秀，能够长期和你相伴的基金经理，它的难度甚至不亚于挑选你的另一半，所以我们更要知道他到底是个什么样的人。

基金经理的具体买卖操作，机构也许有保密的要求，但是投资理念和策略，要秘而不宣是非常困难的。

通过雪球 App，我们搜索基金经理的名字，或者打开个基页面的讨论，就能找到关于基金经理投资理念的分析文章，从而对基金经理的投资理念和策略有个全面了解。

总结来说，优秀的主动基金可以打败指数、赚取超额收益，但是选出优秀的主动基金难度很大。选主动基金的核心在于选“人”，我们可以用“长期净值、业绩归因、人格认知”十二字方针来甄别基金经理是否足够优秀。首先看其长期业绩是否跑赢市场，其次找到基金经理取得高收益的原因，最后结合他的言论和理念，看看基金经理是否知行合一，判断其业绩增长是否具有持续性。

16 年赚 20 倍，他是怎么做到的？

上一节我们讲了主动基金的特点和挑选基金经理的方法。这一节我们就为大家拆解分析一位“长跑健将”基金经理——朱少醒，帮助大家更好地理解“长期净值、业绩归因、人格认知”这十二字方针。之所以选择以朱少醒为例，是因为他是公募界连续管理同一只基金时间最长的基金经理之一，也是唯一实现“十年十倍，十六年二十倍”的基金经理。

● 16 年磨一剑，基金界无双传奇——朱少醒

1. 长期净值

朱少醒在管理基金的 16 年里，除了短暂接管过基金汉盛，就只管理过富国天惠成长混合这一只基金。如图 5-3 所示，从 2005 年 11 月 16 日到 2021 年 11 月 30 日，富国天惠实现了总收益 2043%，年化收益超过 21%，同期沪深 300 的涨幅是 461%，年化收益 11%，朱少醒的业绩远远跑赢沪深 300 指数。截至 2021 年 11 月末，富国天惠的规模已经超过 360 亿元。

从历年业绩来看，我们发现富国天惠并不是一路高歌猛进，年年打败沪深 300，甚至在 2007 年和 2014 年这种大牛市行情中没跑赢沪深 300，但是它在大部分的时间

里，经常会比沪深 300 好那么一些（见图 5–4）。

图 5–3　富国天惠成长混合长期业绩与沪深 300 对比

资料来源：Wind。

比如 2008 年、2011 年比沪深 300 的回撤要少一些，2006 年、2010 年、2013 年、2017 年又比沪深 300 多赚一些，时间一长就积累出了超额收益。其中跑赢沪深 300 最明显的年份是 2015 年、2019 年和 2020 年（见图 5–4）。

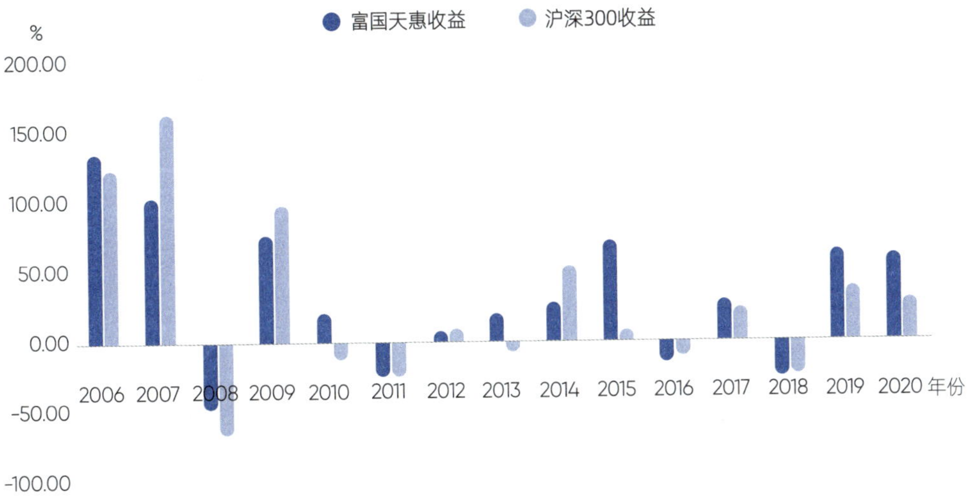

图 5–4　2006—2020 年富国天惠成长混合和沪深 300 收益对比

资料来源：Wind。

分析了长期业绩之后，我们还要看一下这只基金历史上的最大回撤，来评估一下基金经理的风险控制能力。

如表 5–3 所示，富国天惠的净值发生过 3 次大回撤，分别在 2008 年、2015 年和 2018 年市场大跌期间，回撤分别是 –58.90%，–45.90%，–33.30%，回撤幅度基本和沪深 300 指数旗鼓相当。

表 5–3　富国天惠和沪深 300 最大回撤对比　单位：%

	2008 年	2015 年	2018 年
富国天惠	–58.90	–45.90	–33.30
沪深 300	–72.30	–46.70	–32.50

资料来源：Wind。

不过好在富国天惠的回撤修复速度还是挺快的，2008 年大幅回撤后，2009 年就新高了；2015 年大幅回撤后，2017 年逼近前高；2018 年回撤后，2019 年又创了新高。

所以，尽管 16 年 20 倍的结果相当美好，但如果你身处其中的话，面对这 3 次大幅度回撤，你能否拿得住呢？

2. 业绩归因

业绩只是表象，我们分析基金经理，是希望尽可能找出他可持续的盈利能力，所以接下来要看看朱少醒到底是如何取得超额收益的。

首先，看他是选股派还是择时派。

基金经理的能力通常体现在选股和择时两个方面：选股是指精选个股，分享公司成长红利，以期获得高收益；择时是指通过适时调整仓位，高抛低吸，获取超额收益。

仓位方面（见图 5–5），富国天惠只有 2007 年下半年和 2008 年有明显的下调，最低降到 86% 附近，之后基本维持在 90% 以上。从长期持仓水平来看，朱少醒很少择时，长期保持高仓位运行。

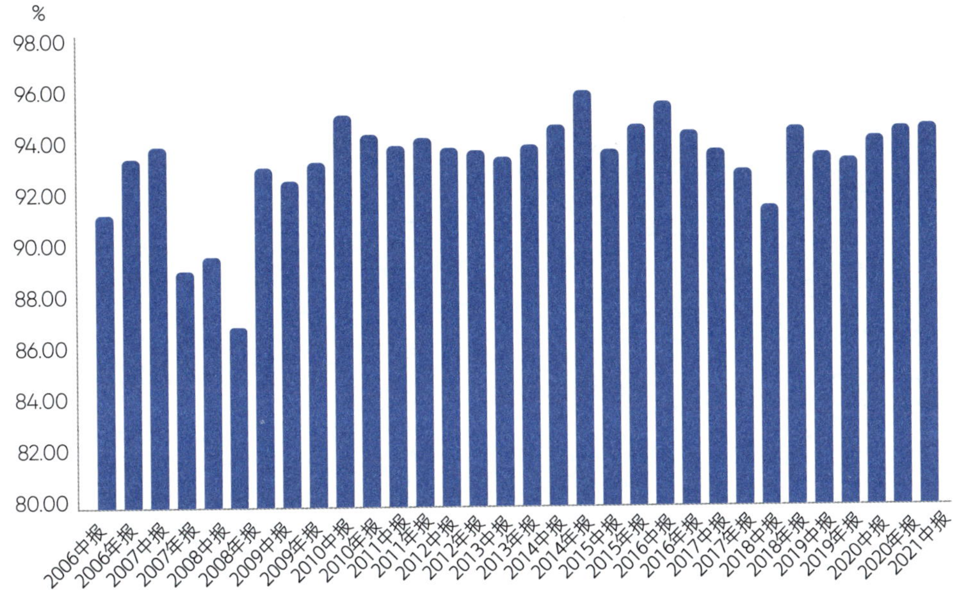

图 5-5　2006—2021 年富国天惠基金股票仓位占比

资料来源：Wind。

我们再看富国天惠的换手率。朱少醒的换手率长期低于同类基金的换手率均值，且一般保持在 200% 附近，近 3 年换手率变得更低，在 100% 附近浮动。

综合来看，朱少醒的主要业绩贡献在于选股，而非择时。

其次，观察他的选股能力。

既然朱少醒是选股派，那么接下来就要看看他究竟选的哪些股票贡献了超额收益。我们可以从朱少醒大幅跑赢沪深 300 的 2015 年、2019 年和 2020 年入手。

从 2015 年的前十大重仓股来看（见表 5–4），诺普信当年涨幅 190%、东港股份涨幅 128.4%、国瓷材料涨幅 212.5%、石基信息涨幅 130.4%、春秋航空涨幅 573%、益生股份涨幅 220%，这些都是当年的大牛股，为朱少醒贡献了超额收益。另外我们还可以看出，朱少醒是典型的成长风格，前十大重仓股是清一色的成长股。

表 5-4　富国天惠 2015 年年报重仓股　　单位：%

股票	占股票市值比	占基金净值比	所属行业
兴业银行	7.66	7.17	银行
诺普信	7.35	6.88	基础化工
大商股份	6.47	6.05	商贸零售
东港股份	6.08	5.69	轻工制造
国瓷材料	4.72	4.42	基础化工
石基信息	3.81	3.56	计算机
张裕 A	3.63	3.39	食品饮料
春秋航空	2.53	2.37	交通运输
益生股份	2.50	2.34	农林牧渔
卫宁软件	2.43	2.28	计算机
合计	47.17	44.15	

资料来源：Wind。

从 2019 年的前十大重仓股来看（见表 5-5），朱少醒的第一大重仓股是国瓷材料，当年涨幅 106.5%，这只股票在 2015 年就是第五大重仓股。可以看出，好的企业，朱少醒会长期持有。另外，2019 年中国平安涨幅 55.8%，五粮液涨幅 166%，格力电器涨幅 91.7%，上海钢联涨幅 71%，宁波银行涨幅 76.6%，韦尔股份的涨幅更是高达 389.6%，这些牛股为朱少醒贡献了超额收益。

表 5-5　富国天惠 2019 年年报重仓股　　单位：%

股票	占股票市值比	占基金净值比	所属行业
国瓷材料	7.65	7.15	基础化工
中国平安	5.51	5.15	非银金融
五粮液	4.75	4.44	食品饮料
伊利股份	4.60	4.30	食品饮料
格力电器	4.23	3.95	家用电器
安车检测	4.20	3.92	社会服务

续表

股票	占股票市值比	占基金净值比	所属行业
上海钢联	3.32	3.10	计算机
重庆百货	3.24	3.03	商贸零售
宁波银行	3.16	2.95	银行
韦尔股份	3.02	2.82	电子
合计	43.68	40.81	

资料来源：Wind。

再看 2020 年的前十大重仓股（见表 5–6），第一名是智飞生物，这是 2020 年新冠肺炎疫情期间涌现出的大牛股，当年涨幅高达 198.8%。另外 2019 年的重仓股大部分都还在，比如伊利股份、中国平安、五粮液、国瓷材料、宁波银行、格力电器，可见朱少醒调仓换股不是很频繁。在表 5–6 中，伊利股份 2020 年涨幅 47.3%，贵州茅台涨幅 70.9%，顺丰控股涨幅 138.6%，五粮液涨幅 122.4%，国瓷材料涨幅 98%，新进入前十大重仓的立讯精密涨幅 100%，这些股票的大涨为朱少醒贡献了 2020 年的超额收益。

表 5–6 富国天惠 2020 年年报重仓股 单位：%

股票	占股票市值比	占基金净值比	所属行业
智飞生物	5.58	5.26	医药生物
伊利股份	4.43	4.18	食品饮料
贵州茅台	4.02	3.79	食品饮料
顺丰控股	3.96	3.74	交通运输
中国平安	3.91	3.69	非银金融
五粮液	3.83	3.61	食品饮料
国瓷材料	3.74	3.53	基础化工
宁波银行	3.42	3.23	银行
格力电器	2.98	2.81	家用电器
立讯精密	2.87	2.71	电子
合计	38.74	36.55	

资料来源：Wind。

再次，看他持股是集中还是分散。

从2015年、2019年和2020年的持仓特点中，我们还可以发现朱少醒的持仓是比较均衡分散的：第一，前十大重仓股的占比都没有超过50%；第二，行业分布也比较均衡，有疫苗股、牛奶股、白酒股、快递股、保险股、空调股等。

此外，从历史前十大重仓股集中度来看（见图5-6），朱少醒前十大重仓股合计占比很少超过50%，尤其是近几年更加分散，集中度持续下降。2021年中报显示，已经下降到30%附近，持仓较为分散均衡。

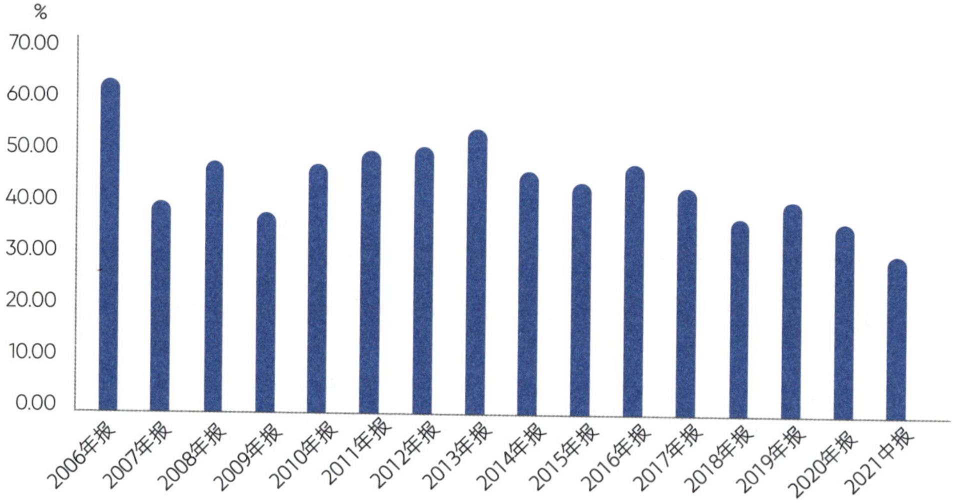

图5-6　富国天惠前十大重仓股占基金净值比

资料来源：Wind

从2021年三季报前十大重仓股来看（见表5-7），持仓行业也比较分散，有白酒（贵州茅台）、芯片（韦尔股份）、银行（宁波银行）、软件（宝信软件）、采掘（杰瑞股份）、锂电（宁德时代）等。

最后，我们来分析基金为何回撤幅度大。

由表5-3我们可以看到，富国天惠历史上出现过3次大幅回撤，甚至有一次净值腰斩了，其回撤幅度和同期的沪深300相比并没有多大优势，且3次大回撤都发生在大熊市期间。

表 5-7 富国天惠 2021 年三季报重仓股 单位：%

股票	占股票市值比	占基金净值比	所属行业
贵州茅台	5.63	5.28	食品饮料
韦尔股份	4.09	3.83	电子
伊利股份	3.93	3.68	食品饮料
宁波银行	3.57	3.35	银行
五粮液	3.52	3.30	食品饮料
宁德时代	3.41	3.20	电力设备
杰瑞股份	3.24	3.03	机械设备
捷佳伟创	2.66	2.50	电力设备
宝信软件	2.64	2.47	计算机
国瓷材料	2.42	2.27	基础化工
合计	35.1	32.91	

资料来源：Wind。

通过分析，我们发现朱少醒的持仓常年在高位，很少在 90% 以下，高的时候甚至能到 95%，一旦市场全面走熊，基金净值大幅回撤几乎不可避免。

但是精选个股，均衡配置，又使富国天惠每次从回撤恢复的时间较短，可见朱少醒不是通过仓位择时来控制风险的，而是通过选股和分散配置来穿越牛熊。

综合来看，朱少醒的超额收益主要来自选股能力，成长风格鲜明，长期高位持仓，淡化择时，均衡配置。

3. 人格认知

朱少醒毕业于上海交大，管理学博士，现任富国基金副总经理兼权益投资部总经理兼富国天惠基金经理，2000 年 6 月加入富国基金，2005 年 11 月起至今任富国天惠基金经理。

我们可以通过朱少醒的言行，来了解一下他的价值观和投资理念。

回顾2008年的择时操作时，朱少醒说："2008年的时候干了90%多的仓位，这肯定是很严重的错误。更严重的错误是，2008年一直扛着这个仓位，直到2008年年底直接给砍下去，后来就再没主动择时过。"他还说："我属于自下而上的选股型选手，先选择个股，再做配置，基本上是放弃择时的。"

结合朱少醒的持仓情况和换手率来看，他确实做到了知行合一——精选个股，放弃择时。

他说："虽然我是自下而上做投资，但我从来不在某个行业或者风格、主题上做极端的仓位。这么长时间，我很难进市场前几位，因为做了组合均衡化，就不可能有极端的业绩。要做极端业绩，一定要在某些赌点，或者在某些地方做极致的包容。要么，某个行业一下子搞几十个点，要么，前十大重仓股每只是10个点，我是回避这些行为的。"

单看朱少醒的历年业绩，很少鹤立鸡群，但是长期业绩却一骑绝尘。结合他的持仓和他的言论，我们可以发现朱少醒是规避"重仓赌行业，做极端业绩"的，所以持仓都比较均衡。

在选股方面，他说，"应该把精力集中在耐心收集具有远大前景的优秀公司，等待公司自身创造价值的实现和市场情绪在未来某个时点的周期性回归""（我）偏好投资于具有良好企业基因、公司治理结构完善、管理层优秀的企业，分享企业自身增长带来的资本市场收益是获取回报的最佳途径"。

从朱少醒的选股来看，如贵州茅台、五粮液、国瓷材料、宁波银行等，都是优秀的企业。

当然，这里只列举了一小部分朱少醒的言行，如果你感兴趣，可以在雪球App上搜索朱少醒，可以看到更多的讨论。

通过言行相互印证，可以发现朱少醒在资本市场的操作能够做到知行合一，其自下而上精选成长股、放弃择时、均衡配置的策略具有可持续性。但因其风格偏向，有可能阶段性跑输市场，高仓位运行回撤可能较大。

这一节我们从长期净值、业绩归因、人格认知三方面一步步拆解分析了“长跑健将”朱少醒是如何取得长期超额业绩的。每一条净值曲线都是基金经理投资理念的折射。我们选基金经理时，不仅应该关注业绩，更应该聚焦于人。这些看不见的东西，往往比过去的收益更加重要。

这一节的视频课，我们将带你从头到尾拆解下一只主动基金，看看另一位老将是如何穿越牛熊的。当然，如果你愿意，也可以自己试着用“十二字方针”拆解一下，然后再扫码观看视频，看看你的思路和老师的分析思路是否一样。

如何从 1 万只基金里，选出你想要的牛基？

前两节我们讲了选主动基金的十二字方针“长期净值、业绩归因、人格认知”，并且以 16 年 20 倍的传奇基金经理朱少醒为例做了拆解分析。

此刻，你可能会被主动基金的超额收益震撼到，想要自己动手选一选适合自己的基金。奈何基金的数量太多了，我们应该从何入手呢？

授人以鱼不如授人以渔，下文我们将手把手教你从 1 万多只基金里面，选出自己想要的好基金。

● 想要追求高收益，选中 / 新生代猛将

如果你想要追求高收益，同时愿意承担比较高的风险，那么选择中 / 新生代猛将是比较合适的。他们操作手法犀利，敢于重仓看好的行业、个股，但取得高收益的同时，基金的波动也比较大。

我们以 Wind 软件为例，设置如下筛选条件：

（1）任职年化回报大于 30%（截至 2022 年 4 月 19 日，中证偏股型基金指数近 3 年的年化回报是 11.28%，年化能达到 30% 已经远远跑赢平均水平）；

（2）基金经理任职时间超过 3 年（前文提到业绩参考期限最短应是 3 年，3 年以下的业绩参考性较低）。

同时，提取任期最大回撤、基金规模、基金经理等数据，方便我们进一步筛选。

通过设定的筛选条件，我们选出任职年化回报排在前十名的基金，加入我们的基金池。如表 5-8 所示，排在第一位的是韩创管理的大成新锐产业，任职年化回报高达 56.77%，排在第二位的是王斌管理的华安安信消费服务 A，任职年化回报也高达 49.19%。

表 5-8　中 / 新生代猛将所管理基金筛选结果（按任职年化回报排序）

序号	基金代码	基金简称	任职年化回报（%）	任期最大回撤（%）	基金规模（亿元）	基金经理（现任）	任职天数
1	090018.OF	大成新锐产业	56.77	−20.89	125.72	韩创	1197
2	519002.OF	华安安信消费服务 A	49.19	−17.44	72.61	王斌	1268
3	006736.OF	国投瑞银先进制造	49.09	−40.30	41.36	施成	1119
4	001959.OF	华商乐享互联 A	44.21	−29.42	3.48	周海栋	1242
5	161912.OF	万家社会责任定开 A	43.63	−26.98	13.56	莫海波	1127
6	006154.OF	华安制造先锋 A	42.69	−32.08	14.05	蒋璆	1213
7	001445.OF	华安国企改革	42.53	−17.11	17.77	张亮	1268
8	001719.OF	工银瑞信国家战略主题	41.87	−22.25	2.50	陈小鹭	1238
9	519126.OF	浦银安盛新经济结构 A	40.44	−28.32	50.04	蒋佳良	1267
10	400032.OF	东方主题精选	39.24	−31.29	36.92	蒋茜	1205

资料来源：Wind。
注：数据截至 2022 年 4 月 19 日。

如果你十分看重基金经理的任职年化回报，可以根据以上排名去挑选。如果你想在任职年化回报的基础上，看看基金经理的风险控制能力，则可以按照任期最大回撤把基金的名次再重新排一下。

可以发现，张亮管理的华安国企改革任期最大回撤最少，只有 17.11%；其次是王斌管理的华安安信消费服务 A，任期最大回撤是 17.44%，比华安国企改革略高，但是他的任职年化回报是 49.19%，仅次于韩创的大成新锐产业。所以，如果结合任职最大回撤来看，王斌的华安安信消费服务 A 性价比较高。

现实中往往有一个问题，就是业绩好的基金很容易被大家发现，规模一般增长得也比较快，会影响基金经理的超额收益，如韩创的大成新锐产业，规模已经达到 125 亿元以上。

一般情况下，对于中 / 新生代基金经理，单只基金规模在 100 亿元以下是比较合适的。如果你比较在乎规模问题，可以按照基金规模再排一次序。

按照规模排序，陈小鹭管理的工银瑞信国家战略主题规模最小，只有 2.5 亿元，但是任职年化回报和任期最大回撤排名均不是很靠前。

在规模适当且不牺牲太多收益和回撤控制较好的前提下，我们发现 100 亿元规模以下的基金中，王斌管理的华安安信消费服务 A 的任职年化回报最高，为 49.19%；最大回撤也控制得不错，为 17.44%，仅次于张亮的华安国企改革。施成管理的国投瑞银先进制造任职年化回报也比较高，为 49.09%，但任期回撤也是最大的，高达 40.30%。

总结：这些基金经理都是中 / 新生代猛将的代表，如果你最看重任职年化回报，韩创无疑是第一位的；如果你更看重回撤控制，则张亮做得比较好；如果在任职年化回报高的基础上，兼顾回撤控制和规模，王斌的华安安信消费服务 A 性价比较高。

需要特别提醒的是，上述排名筛选仅作为案例分析，主要是为了给大家提供思路，不做基金推荐。选基金就好比找自己的另一半，没有最好的基金，只有最适合你的基金。

● 想要穿越牛熊，选“双十”老将

如果你追求的不是短期的业绩爆发，而是穿越牛熊，想要获得一个长期向上的回报，那么“双十”老将基金经理更适合你。

所谓的“双十”老将，指的是任职年化回报超过 10%，且任职时间超过 10 年的基金经理。他们久经沙场，历经牛熊的洗礼，还能保持不败神话，做到 10 年年化 10% 以上的收益，在整个基金界都是凤毛麟角。A 股数千名基金经理中，“双十”基金经理也就有 30 人左右。

股市里有一句很经典的话，“新手用钱买经验，老将用经验赚钱”，老将的经验当然不是白来的，都是在牛熊洗礼中用钱砸出来的。买老将其实买的是他们的投资经验。

我们以 Wind 为例，设置如下筛选条件。

（1）任职年化回报大于 10%；

（2）任职时间大于 10 年。

同时，提取任期最大回撤、基金规模、基金经理等数据，方便我们进一步筛选。

我们根据任职年化回报选出排名前 10 的基金（见表 5–9），第一名是朱少醒的富国天惠成长混合 A，任职年化回报高达 18.87%；第二名是杜猛的上投摩根新兴动力 A，任职年化回报是 17.58%；第三名是余广的景顺长城核心竞争力 A，任职年化回报是 17.18%。

表 5-9 “双十”老将所管理基金筛选结果（按任职年化回报排序）

序号	基金代码	基金简称	任职年化回报（%）	任期最大回撤（%）	基金规模（亿元）	基金经理（现任）	任职天数
1	161005.OF	富国天惠成长混合 A	18.87	-58.96	405.18	朱少醒	6000
2	377240.OF	上投摩根新兴动力 A	17.58	-54.81	84.52	杜猛	3935
3	260116.OF	景顺长城核心竞争力 A	17.18	-53.43	17.49	余广	3775
4	270028.OF	广发制造业精选 A	16.78	-58.02	31.91	李巍	3866
5	530003.OF	建信优选成长 A	14.99	-41.21	18.64	姚锦	3716
6	160613.OF	鹏华盛世创新	14.66	-43.17	3.09	伍旋	3767
7	320003.OF	诺安先锋 A	14.34	-60.34	60.47	杨谷、张堃	5902
8	166002.OF	中欧新蓝筹 A	13.99	-33.56	157.49	周蔚文、冯炉丹	3986
9	450009.OF	国富中小盘	13.68	-45.43	47.82	赵晓东	4167
10	166001.OF	中欧新趋势 A	13.59	-39.21	115.08	周蔚文	3901

资料来源：Wind。
注：数据截至 2022 年 4 月 19 日。

若将表 5-8 和表 5-9 做对比，大家会发现“双十”老将任期最大回撤居然比中 / 新生代基金经理还高，任职年化回报却不如中 / 新生代基金经理。性价比也太低了吧？

其实不然，“双十”老将的最大回撤之所以大，正是因为他们在资本市场征战的时间太长了，经历了不少大风大浪。比如前文讲到的朱少醒管理的富国天惠基金，在 2008 年金融海啸中的最大回撤高达 58.96%。

这些“双十”老将面对如此大的回撤，却在后面的岁月里净值一次又一次创了新高，恰恰说明他们具有穿越牛熊的能力。

在这些老将当中，周蔚文、冯炉丹的中欧新蓝筹 A 的任期最大回撤最小，为

33.56%，但是任职年化回报只有 13.99%，比富国天惠低不少；另外，任职年化回报和富国天惠差不多的，如景顺长城核心竞争力 A，任期最大回撤是 53.43%，上投摩根新兴动力 A 是 54.81%，和富国天惠的 58.96% 相差无几。所以，如果相比任职回报，你更加看重回撤控制，那周蔚文、冯炉丹的中欧新蓝筹 A 比较适合。

接下来我们还可以按照基金规模排序。一般而言，基金老将管理的单只基金规模在 300 亿元以下是比较合适的。除了朱少醒的富国天惠规模较大，其他基金的规模都在 300 亿元以下。

若兼顾规模和任职年化回报的话，杜猛的上投摩根新兴动力 A 和余广的景顺长城核心竞争力 A 更合适些。

总结来说，我们建议投资者结合自己看重的指标去筛选"双十"老将。如果看重任职年化回报，可以关注朱少醒；如果看重回撤控制，可以关注周蔚文；如果还想兼顾规模，可以关注杜猛和余广。

需要重点提示的是，以上仅作为案例分析，为大家提供筛选思路，不做基金推荐。

● 想要先稳后胜，选防守悍将

如果你想追求稳稳的幸福，想要获取不错的长期收益，又不想承受太大的市场波动，建议选择防守悍将。在牛市他们不温不火，但是在震荡市或者熊市，他们的稳能给你带来心灵的踏实。

我们以 Wind 为例，设置如下筛选条件。

（1）任职年化回报大于 8%（相比中 / 新生代猛将和"双十"老将，要降低收益预期）；

（2）任期最大回撤小于 5%（既然想要稳稳的幸福，波动就不能太剧烈，对回撤控制要求很高）；

（3）任职时间大于 3 年。

同时，提取任期最大回撤、基金规模、基金经理等数据，方便我们进一步筛选。

通过筛选，我们留下任职年化回报位居前 10 的基金（见表 5-10）。排名第一的是刘晓、王莉的国富新机遇 A，任职年化回报 12.07%；排名第二的是陈建华、王欢的国联安鑫乾 A，任职年化回报是 11.93%，但是该基金规模太小，只有 0.13 亿元，有清盘风险。

表 5-10　防守悍将所管理基金筛选结果（按任职年化回报排序）

序号	基金代码	基金简称	任职年化回报（%）	任期最大回撤（%）	基金规模（亿元）	基金经理（现任）	任职天数
1	002087.OF	国富新机遇 A	12.07	-3.78	15.94	刘晓、王莉	1283
2	004081.OF	国联安鑫乾 A	11.93	-4.62	0.13	陈建华、王欢	1248
3	000436.OF	易方达裕惠回报	10.80	-3.91	31.96	胡剑	3047
4	161115.OF	易方达岁丰添利	10.32	-4.32	28.27	胡剑	1203
5	001334.OF	南方利鑫 A	9.92	-3.43	10.40	陈乐	1182
6	001183.OF	南方利淘 A	9.85	-3.85	15.46	陈乐	1182
7	005274.OF	中银景福回报 A	9.53	-4.76	12.26	涂海强	1465
8	001522.OF	博时新策略 A	9.24	-4.46	9.01	杨永光、王惟	1535
9	002728.OF	华富益鑫 A	9.21	-3.76	7.64	张惠	2052
10	001201.OF	申万菱信安鑫回报 A	9.21	-3.98	6.91	唐俊杰	1182

资料来源：Wind。
注：数据截至 2022 年 4 月 19 日。

然后再来看一下任期最大回撤。任期最大回撤最小的是陈乐的南方利鑫 A，为 3.43%，任职年化回报是 9.92%，排名第五；任期最大回撤排名第二的是华富益鑫 A，为 3.76%，但是任期年化回报排名比较靠后；任期最大回撤排名第三的是国富新机遇

A，为 3.78%，它的任期年化回报排名第一。

整体来看，综合任职年化回报和任期最大回撤，刘晓、王莉管理的国富新机遇 A 性价比较高，陈乐的南方利鑫 A 回撤控制也很好。由于这些基金规模都比较小，且基本是偏债混合基金，我们就暂时不考虑规模的影响因素了。

需要重点提示的是，以上仅作为案例分析，为大家提供筛选思路，过去的业绩不代表未来，不做基金推荐。

业绩“球”解——市场、择时、选股要分清

基金业绩好、回撤小只是一个表象，我们不能只知其表，不知其里。弄明白背后的逻辑，投资之路才能行稳致远。

假如你比较喜欢中 / 新生代猛将，在综合了任职年化回报、任期最大回撤和规模之后，认为韩创这种进攻性超强的选手比较适合你，那么接下来就要对韩创进行细致分析，看看他的业绩到底是怎么得来的。

这里给大家推荐一个分析工具，雪球——业绩球解。打开雪球 App，搜索“大成新锐产业混合”。然后点击该基金，进入个基页面。下拉后可找到“业绩球解”（见图 5–7）。

业绩球解功能将基金的全年收益分成 3 部分，分别是市场贡献、择时贡献、选股贡献。市场贡献指的是股市本身的涨跌对基金收益产生的影响，这是完全被动的，基金经理无法改变；择时贡献指的是基金经理通过加减仓、低买高卖而获得的收益；选股贡献指的是基金经理通过精选行业、个股所获得的收益。

通过业绩球解，我们可以看到近 3 年大成新锐产业收益的来源，比如 2019 年全年的收益是 47.43%，其中市场贡献了 29.92%，择时贡献了 –2.01%，选股贡献了 19.52%。市场贡献属于靠天吃饭，择时收益是负的，所以我们重点看选股贡献。

图 5-7　大成新锐产业混合 2019 年业绩拆解

资料来源：雪球 App。

选股贡献位居前 3 的行业分别是电子、计算机、汽车，贡献最大的 3 只个股分别是晶瑞股份、顺网科技、沪电股份，可见 2019 年韩创是重点围绕科技板块布局。

我们再看 2020 年的业绩球解，见图 5–8。

2020 年总收益是 79.41%，其中市场贡献 24.84%，择时贡献 –0.25%，选股贡献高达 54.82%。

不同于 2019 年，2020 年韩创的选股贡献远超市场贡献，贡献最大的 3 个行业分别是国防军工、电力设备和有色金属，收益贡献最大的 3 只个股分别是菲利华、赤峰黄金、宁德时代。

2019 年贡献位居前 3 的行业与 2020 年贡献位居前 3 的行业无重叠，可以推测韩创大概率做了行业轮动，而且从收益来看，这次的调仓换股非常成功。

图 5–8 大成新锐产业混合 2020 年业绩拆解

资料来源：雪球 App。

最后我们再看 2021 年的业绩球解，见图 5–9。

图 5–9 大成新锐产业混合 2021 年业绩拆解

资料来源：雪球 App。

2021 年总收益是 88.25%，市场贡献是 –4.63%，说明当年的行情不好；择时贡献也只有 0.12%；选股贡献却高达 92.75%。在市场整体下跌的情况下，选股收益能做到如此地步，难能可贵。

2021 年贡献位居前 3 的行业分别是基础化工、有色金属、汽车，贡献最大的 3 只个股分别是明泰铝业、兴发集团、鲁阳节能。

相比 2020 年，贡献位居前 3 的行业仅有有色金属还在，贡献位居前 3 的个股也都不一样，说明韩创大概率又进行了行业轮动，而且从选股贡献来看，甚至比 2020 年还要成功。

通过上面的分析，我们可以看出，韩创管理的大成新锐产业，近 3 年主要收益来源是选股，而且并不是巴菲特式的长期持股。他的行业轮动做得非常精准，甚至在 2021 年市场整体下跌的情况下，选股贡献做到了 92.75%，成为市场中的佼佼者。

● 人格认知——雪球社区干货多

韩创为什么能把行业看得这么准？他的这种能力可不可以持续？要回答这些问题，光看业绩求解肯定是不够的，我们必须更深入地了解韩创。

选基金就像谈恋爱，知人知面更要知心。他到底是怎么选股的？他的投资框架是什么？他的投资理念是什么？我们要一一挖掘，看他是不是真的值得我们托付资产。

通过雪球 App 个基页面，找到大成新锐产业的基金档案，就可以查看韩创的基本信息。

通过“基金档案”，我们可以看到韩创的履历：韩创，经济学硕士，从业近 10 年，2012—2018 年在招商证券和大成基金管理有限公司担任研究员；2019 年 1 月 10 日起担任基金经理管理大成新锐产业。

退出“基金档案”，可以在个基页下拉找到“基金测评”，进一步了解韩创的投资风格、投资理念等。其中我们可以看到两篇关于韩创的文章。

第一篇是球友 @ 远川投资评论撰写的文章《韩创：挖掘高景气投资机会，走少有人走的路》，节选如下：

关于投资框架是怎样的？韩创表示：投资框架主要是行业景气度、公司竞争优势、估值这 3 个方面。主要依据的是现金流折现模型，但是我把模型中的现金流分成了中短期和中长期两个维度。

中短期现金流主要就是看行业，以两三年维度来看，如果一个行业景气度很差，那么这里面大部分公司的盈利不会特别好；如果行业景气度很好，行业内大部分公司盈利都会很好。所以，中短期来看，公司的业绩增长大部分是行业给的，而不是公司自身的优秀带来的。大部分公司的业绩是很难逆行业趋势而动的。

为什么要看公司的竞争优势？因为现金流折现模型中，大部分现金流是在未来几十年来折现的，而公司的护城河、商业模式、竞争壁垒等决定了这个公司在未来几十年、上百年是否能创造价值。中长期来看，公司可以不断积累自己的竞争力，可为的空间更大。

过去两年很多基金经理只看公司竞争优势这一个维度，认为只要商业模式好、竞争优势明显，不管增速快慢，估值多高都无所谓。我希望把中短期和中长期两者综合起来，因为 A 股市场有时很极端，而人的认知非常有限，要把未来几十年的情况判断清楚很难。特别当市场乐观，估值很高时，过于强调后面这部分，犯错的概率很大。

然后是估值，一方面它是对于判断的一个保护，如果估值较低，即使判断错了，影响也会比较小；另一方面，估值也是一个进攻的矛，戴维斯双击少不了估值的提升。

这是我选择 3 个点的原因。

如果满分是 10 分，行业景气度排第一位，所以它不能低于 4 分，但也不会超过 7 分，大部分情况下会在 4~6 分波动。还是要给公司和估值留一些空间，后两者的权重基本是对半分。

从中我们可以认识到，韩创的投资框架很鲜明，从行业到公司再到估值，其中行业是排在第一位的，比重最大，然后是公司和估值。这个选股维度确保了韩创可以选择到行业景气度提升、竞争力强、估值不高的个股。也正是因为如此，韩创的业绩表现十分突出。

这篇文章多是韩创自己的言论，我们不妨再看看其他球友的文章，观察一下其他球友对韩创的看法。

“基金测评”里面的第二篇文章是球友 @ 燃点 er 撰写的《不买新能源，还能杀进前 20 的基金靠的是啥》。

通过这位球友的分析，可以了解到韩创的交易能力很强，尤其是在自己的能力圈之内，调仓换股能力非常强，属于典型的行业轮动选手，但他同时也认为基金规模的增长给韩创的操作带来了一定影响。

“基金测评”栏目中除了这两篇文章，我们还可以继续下拉个基页，看到更多的球友讨论。

综合球友们的观点，韩创有以下几个特点：

（1）周期研究员出身，对周期股的狩猎能力极强，在能力圈内调仓换股果断犀利，游刃有余，能创造很高的正收益，回撤控制能力也比较强。

（2）投资遵循从行业景气到公司竞争力再到估值的体系，让韩创挖掘到高景气行业，选到好公司的同时，还能规避估值过高的问题，可谓稳扎稳打。

（3）在韩创眼里，万物皆周期。做时间的朋友固然很理想，但现实中根据行业景气择时才是更好的途径。

（4）韩创目前依然在能力圈内狩猎，风格没有大的变化，包括未来看好的几个行业，如传统高耗能产业、“新能源 +”、电网升级等，这些依然是周期板块，唯一的问题就是基金规模已经超百亿元，换手率开始下降，可能会对韩创的调仓换股带来一定影响。

读到这里，我想你已经对韩创有了一个整体了解。韩创无疑是一个很特别的新生代猛将，尤其是对周期的把握，行业轮动做得堪称精准。

但俗话说，萝卜白菜，各有所爱，韩创是不是你的菜，还要根据你自身的风险偏好和投资理念来定。以上仅作为案例分析，为大家提供选基思路，不做基金推荐。

第6章

注重资产配置，学会构建组合

资产配置就是做一个多类资产的组合。这个组合的目标并非实现收益率最大化，而是要争取性价比最高，提高风险收益比。

资产配置不仅能够降低组合波动、提高性价比、提高理财收益，还能够让你放宽视野、忽略短期、穿越周期。无论行情是亢奋还是低迷，无论你是哪一类投资者，资产配置都是重中之重。

科学构建基金组合，鱼和熊掌可以兼得！

资产配置是金融学中一个博大精深的课题。对于每个人来说，每次牛市或者熊市到来的时候，你的个人资产是如何分配的，直接决定了你能否在上涨的时候收获大部分的收益，在下跌的时候规避更多的风险。

满仓、空仓等极端操作当然可以创造暴富神话，但成功的概率极低。没有人能预测下一阶段什么类型的基金更赚钱，什么类型的基金会赔钱。我们只能回归比较理性的做法，通过资产配置平衡收益和风险。在你已经对各种基金类型有了全面了解后，这一节我们探讨基金组合的构建。这将是你实现长期收益的秘诀。

● 为什么要做资产配置?

1. 市场波动会让人拿不住

作为投资者的你，是否也常常问：有没有投资期限短、收益高、风险低的产品？

答案是：没有！

不同类型的基金在不同情况、不同时间的表现是不一样的。这是因为基金公司和基金经理对市场的研究是不同的，他们对哪些资产具有投资价值的判断也是不一样的。

市场就是这么奇妙，谁也不可能确定在特定的时间，哪些产品会有好的表现，而哪些会有差的表现。

显然，如果只投资一只基金，那收益就必然跟着基金经理对市场的判断而上下起伏。虽然经过漫长的时间，投资依然可以享受市场整体上涨的收益，但在短期内，必然波动大。

如果只持有股票型基金，在牛市时当然可以享受市场整体上涨带来的收益。但如果遇到极端情况，股票型基金可能在短期内就跌去 20% 甚至更高。

如果正好在市场疯狂的时候，全仓买入一些火热的行业基金或者主题基金，或者是几只近期业绩突出的产品，那么不断追高加仓的结果，就是需要更多的时间去等待均值回归，享受收益的时间自然也会拉长。

这对普通投资者造成的最直接影响，就是拿不住！复利最大的敌人是波动，很多人都曾拥有过好产品，却因为在波动中难以坚守而享受不到时间的玫瑰。

投资中存在一个“不可能三角”，尤其是单个投资标的，不可能同时满足流动性、安全性、收益性三大优势。比如说，股票类的基金长期来看收益水平很高，交易也非常高效，但波动较大、投资风险高；债券类的流动性、安全性都不错，但收益性相对而言就较低了。

我们来看一下，过去 10 年主要 A 股指数的年化收益率和最大回撤（见表 6–1）。

表 6–1　2011 年 1 月 1 日—2020 年 12 月 31 日主要 A 股指数的年化收益率和最大回撤

单位：%

指数	年化收益率	年化波动率	最大回撤
中证 500	2.65	25.93	-65.20
创业板指	10.35	29.64	-69.74
中证全债指数	4.70	2.01	-4.28

资料来源：Wind。

可以看到，过去 10 年，创业板指年化收益率虽然高达 10.35%，但最大回撤却近

70%。遭遇大幅回撤的感觉是非常难受的，甚至会“心里堵得慌”“心态有点崩”。而以中证全债指数为代表的纯债资产，尽管年化波动率只有 2.01%，但 4.70% 的年化收益率显然无法满足大部分人对收益的期望。

2. 择时只是一个神话

波动不可避免，那能否通过择时来解决波动的问题呢？能否在这个板块启动前买入，涨到高位出现泡沫时再卖出？理想很美好，现实很骨感。

本书开篇第 1 章的表 1–1 展示了 2016 年 1 月—2019 年 6 月不同类型投资人账户的收益以及收益具体来源。统计数据显示，无论是个人投资者还是机构投资者，依靠择时都无法实现正收益。

3. 资产配置是实现长期收益的法宝

一般来说，要取得投资最终的收益，需要投资者能够长期拿住一个整体向上的资产组合。只有同时做到了“长期拿住”和“收益整体向上”这两点，才能真正最终赚到钱。

然而，大部分基金短期内都会存在一定的波动，而且有些基金的波动还会非常大，人们很难做到长期持有。风险和收益是相匹配的，A 股市场长期来看并非收益率不高，而是风险收益的“性价比”比较差，市场波动太大。

从图 6–1 我们可以看到，2009 年以来沪深 300 的收益率并不比标普 500 差多少，但是其波动率远高于后者。从长期投资盈利体验的角度看，标普 500 的投资者感受明显会好得多。资产配置的目的就是达到像“标普 500”这样平滑向上的曲线。

诚然，资产配置就是做一个多类资产的组合。**这个组合的目标并非实现收益率最大化，而是要争取性价比最高，提高风险收益比。**

图 6-1　沪深 300 与标普 500 历史表现对比

资料来源：Wind。

● 资产配置的核心内容有什么？

1. 平衡收益和风险

很多人在投资的时候，情绪容易走极端，看好的时候全仓杀入，不看好的时候直接清仓，往往走在风险和收益的极端边缘。资产配置的核心内容之一，就是风险和收益之间的均衡博弈。

我们来举个例子，2019 年，小张、小王、小李三人同时入市，初始资金均为 100 万元。小张全部买入了股票；小王将资金一分为二，分别买入了股票和债券；小李每年年初调整一次仓位，确保股票和债券本金在年初各保持 50%。三人最终的收益情况见表 6-2，很显然，通过股债动态平衡，小李取得了最高的年化收益率。

表 6-2　不同股债比例的收益情况

	小张	小王	小李
第一年股票赚 60%，债券赚 6%	160 万元	133 万元	133 万元
第二年股票亏 50%，债券赚 6%	80 万元	96.18 万元	103.74 万元
第三年股票赚 20%，债券赚 6%	96 万元	107.55 万元	117.23 万元
年化收益率	-1.33%	2.52%	5.74%

这个案例演示了资产配置并坚持再平衡是如何贡献超额收益的。当然，如果你投资的目的是单纯追求收益，且多大风险都能承受，就没必要进行资产配置了。因为从长期的角度来看，很多资产从收益的角度来说，一定是远远跑赢另外一个资产的。比如股权和债权，上面的例子是 3 年的数据，但如果拉长到 10 年，股权的收益率大概率是大于债权的。

总结来说，我们进行资产配置，目的是实现稳健增值，即配置是从两个维度进行理解，一个是风险，一个是收益，寻求两者之间的一个平衡。

2. 寻找低相关性

有人为了分散、降低风险，买了招商中证白酒指数、易方达蓝筹精选、景顺长城鼎益混合，3 家不同的基金公司、不同的主理人。这能实现分散的目的吗？

答案是不能！因为这 3 只基金的前十大持仓中，白酒股的重合度很高。这个组合很有可能同涨同跌，无法起到分散的作用。

下面我们来看一下 2021 年初至 12 月 16 日各大类资产的涨跌幅情况，见表 6-3。

表 6-3　各大类资产的涨跌幅　单位：%

	沪深 300	创业板	恒生指数	标普 500	白银有色	华宝油气	中证全债
涨跌幅	-3.39	17.67	-13.79	24.3	5.85	60.14	5.19

资料来源：Wind。

如果你在2021年初的时候，平均将资产分散到这几个资产上，那么你的收益率是13.71%，大幅跑赢沪深300。但如果你只投资了恒生指数，那你的持有体验会非常糟心，最终收益为–13.79%。

基于此，我们在构建基金组合的时候，一定要考虑品种的搭配，如股票和债券、大盘和小盘、价值和成长。如果组合中都是同类基金，就会大大减少组合的有效性。

需要提醒大家的是，如果存在相关性，那系统性风险是没有办法克服的。如在股票基金中，无论大盘、小盘、价值、成长，都会受到这个市场波动的影响。即使做了一个非常不错的组合，当大盘整体下滑的时候，这个组合也不能独善其身，系统风险是避免不了的。所以，我们不能要求一个组合永远都是正收益。

但如果能把投资分散到不相关的领域，如白银、油气、债券等，那总体效果会好很多。

大类资产配置的核心之二就是低相关性。在多资产组合中，并非你持有的资产越多越好，而是要确保资产之间的低相关性。只有分散买入低相关的指数，才能真正降低持有风险。

● 如何构建自己的组合？

资产需要根据每个投资者自身的情况来进行配置。投资者可以通过雪球基金上的风险测评来了解自己的风险收益定位，从而根据自己的资产情况和风险承受能力制订投资计划。

以下是几个常见的模型，大家在构建自己的投资组合时可以参考。

1. 沪深300和中证1000

沪深300和中证1000分别是大盘股、小盘股的代表。从表6–4可以看到，2020年沪深300上涨了27.21%，中证1000上涨了19.39%。2021年市场风格开始切换，沪深 300 下跌了 5.2%，而中证 1000 却上涨了 20.52%。如果从 2020 年开始全仓沪深 300 的话，两年的收益率仅为 20.6%，是不如全仓买入中证 1000 的。

而如果将沪深 300、中证 1000 仓位各半，两个周期最终能收获 32.74%。如若将时间周期再次拉长，效果会更加明显，或许在一定程度上还可以提升组合收益率。

表 6-4　持有沪深 300 和中证 1000 不同比例的收益情况　　单位：%

	资产类别	比例	区间收益率	组合收益率	最大回撤
2020 年	沪深 300	100	27.21	27.21	-16.08
	中证 1000	100	19.39	19.39	-15.67
	两者各半	50	27.21	23.30	
		50	19.39		
2021 年	沪深 300	100	-5.2	-5.2	-18.19
	中证 1000	100	20.52	20.52	-11.2
	两者各半	50	-5.2	7.66	
		50	20.52		
1. 全仓沪深 300: 上涨 27.21%，下跌 5.2%，最终收益是 20.6%					
2. 全仓中证 1000: 上涨 19.39%，上涨 20.52%，最终收益是 43.9%					
3. 沪深 300 和中证 1000 各半：上涨 23.3%，上涨 7.66%，最终收益是 32.74%					

资料来源：Wind。

2. 股债平衡配置

如果说沪深 300 和中证 1000 同属于权益类指数，整个市场环境会对两个指数产生相同的影响，资产配置的效果不是那么明显的话。那么，沪深 300 和中证全债就是两个相关性更低的资产了。我们以 2011—2021 年这 11 年间沪深 300 和中证全债为例做一个股债搭配的效果比对。从表 6-5 可以看到，这两个指数长期趋势都向上，且在 11 年间，有 5 年的时间二者收益方向相反。

表 6-5 2011—2021 年沪深 300 和中证全债年化收益率 单位：%

指数	2011 年	2012 年	2013 年	2014 年	2015 年	2016 年	2017 年	2018 年	2019 年	2020 年	2021 年
沪深 300	-25.01	7.55	-7.65	51.66	5.58	-11.28	21.78	-25.31	36.07	27.21	-5.2
中证全债	5.9	3.5	-1.1	10.8	8.7	2	-0.34	8.85	4.95	3.05	5.65

资料来源：Wind。

如图 6-2 所示，如果将股和债按照 2∶8、3∶7、4∶6、5∶5、6∶4、7∶3、8∶2 的比例进行配置，会发现 11 年间，多数情况下，股债组合获得了比满仓单类资产更高的回报。

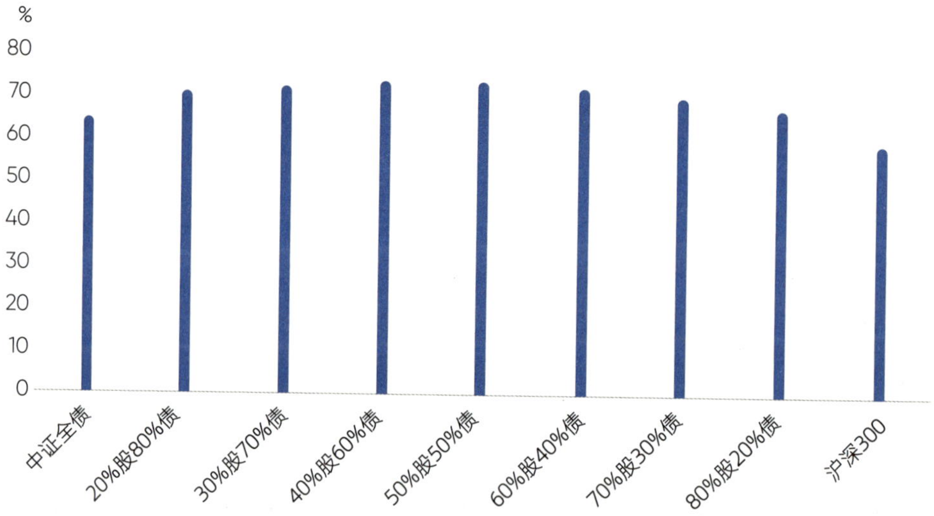

图 6-2 不同股债配置的收益率对比

资料来源：Wind。

更重要的是，债券类资产的加入使得组合的波动率大大降低，有利于投资者长期持有。

3. 全天候策略

理解了股债平衡策略，你可能会问：能不能再添加几个相关性低的投资品种，再分散一下风险，让整个组合向上走得更平滑一些，持有体验更好一些？

当然可以，而且瑞·达利欧早就想到了。

先来介绍一下瑞·达利欧，他是全球著名的桥水基金创始人。桥水管理的资金规模超过 1500 亿美元，是全球最大的对冲基金。

瑞·达利欧有一个顶尖的王牌产品：全天候投资策略，**就是找多个表现优异，同时相关性非常低或者为 0 的不同资产进行投资**。无论发生什么波动，任何时候都有一个资产在上涨，资产组合处于一个平衡状态，这样就可以应对各种可能出现的经济情况。

考虑到普通投资者和机构投资者之间的差别，达利欧为普通投资者设计了这样一个简化版的全天候策略：

第一步，把 30% 的资产配置在股票上；

第二步，配置长期国债（指美国国债），其中 15% 配置 7~10 年的中期国债，40% 配置 20~25 年的长期国债；

第三步，配置 7.5% 的黄金和 7.5% 的大宗商品——避免快速的通货膨胀造成股债双杀；

最后，每年至少进行一次再平衡。

我们来模拟一下[①]，看看这个简化版全天候策略的作用。

从图 6–3 可以看到，2013 年至今，如果全仓沪深 300，收益率是 97%；全仓黄金 ETF，收益率是 49%；全仓大宗商品 ETF，收益率是 55%；全仓中证全债，收益率是 50%。但是采用全天候策略，长期下来，收益率是 73%，而且收益曲线是一条平滑的曲线，持有体验比全仓其他投资品种好得多。

市场涨跌就如海水潮起潮落，当潮水退去的时候，我们才会更深切地懂得，“资

① “股票”选取沪深 300，“债券”选取中证全债，“黄金”选取黄金 ETF，“大宗商品”选取大宗商品 ETF，假设组合一开始的净值为 1。

产配置才是长期获利的基础”！

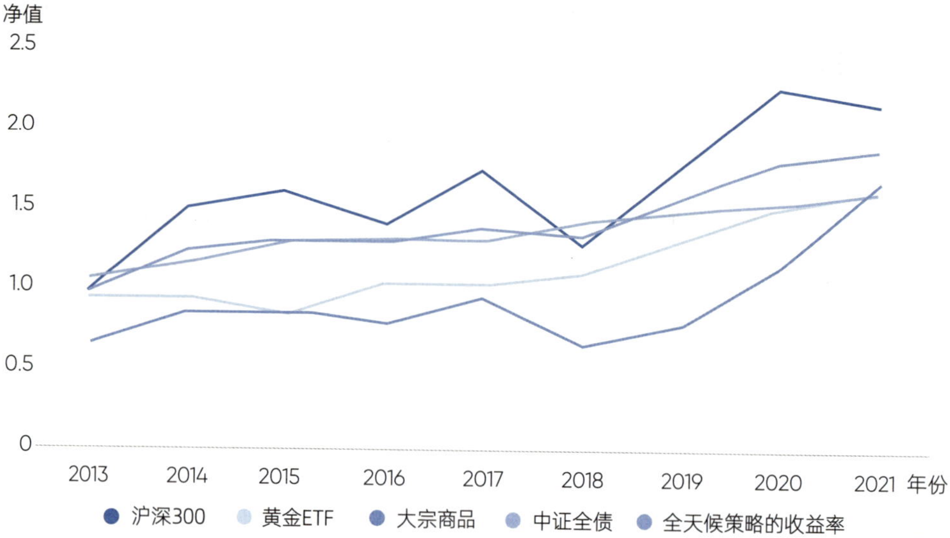

图 6-3　全天候策略与其他投资品收益对比

资料来源：Wind。

总结来说，资产配置不仅能够降低组合波动、提高性价比、提高理财收益，还能够让你放宽视野、忽略短期、穿越周期。无论行情是亢奋还是低迷，无论你是哪一类投资者，资产配置都是重中之重。

如果我有 5 万元，该怎么做基金组合？

很多人总认为自己钱少，就不需要进行资产配置。其实这种观点是不对的，我们应该从理财的初期就树立资产配置的观念。

本小节我们以 5 万元为例，来聊聊如何构建基金组合。大体上可以分成 5 个步骤：（1）确定投资目标、投资时长及风险承受能力；（2）选择金融资产并确定持有的比例；（3）分析筛选基金，确定具体标的；（4）进入实战，完成基金组合的搭配；（5）复盘，对组合业绩进行评估。

有哪些金融资产可以选择？

我们在第 1 章说过，选择基金前首先要清楚自己的底线，知道自己到底能承受多大风险；其次，要在自己能承担的风险基础上，确定自己的收益预期；最后，还要根据资金的可用时长来匹配不同类型的基金。资产配置同样需要提前考虑这几方面。

我们常见的金融资产主要有股票、债券、大宗商品等，都是我们日常可以接触到的。通过前面的学习，相信大家对股票、债券这两个品种已经非常熟悉了，但是对大宗商品可能还比较陌生，这里就简单介绍一下。

大宗商品是对冲通胀的有效工具。其收益对股票来说相关性弱，适当配置可以有效分散市场风险。市场上的大宗商品基金主要有两类：一是通过交易商品 ETF、期货合约、现货合约及其他金融衍生品的方式，追踪主流大宗商品价格走势的基金；二是通过投资主营业务为煤炭、铝业、铁矿、原油等的上市公司，做主动管理，实现超额收益的基金。

图 6-4 显示过去 10 年大宗商品的平均年化回报率为 14.73%，平均年化波动率为 29.2%。年化回报率和波动率都高于沪深 300。

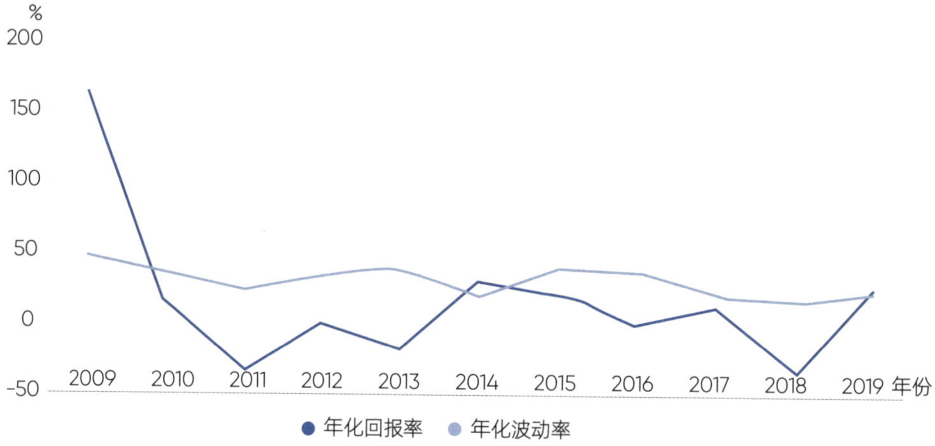

图 6-4　过去 10 年大宗商品的回报率和波动率

资料来源：Wind。

美林投资时钟在资产配置中的运用

没有一只基金适合所有人，同样，也没有一只基金适合所有的市场环境。考虑经济环境和金融市场的周期性，不同时间段不同金融产品的表现也不同。那么，何时买股票基金，何时买债券基金，何时买大宗商品类基金呢？

我们可以根据美林投资时钟进行资产配置。美林投资时钟模型将经济周期划分为衰退、复苏、过热和滞胀 4 个时期，将资产划分为债券、股票、大宗商品和现金四类，展示了在一轮完整的经济周期中，经济从衰退逐步向复苏、过热方向循环时，债券、股票、大宗商品的收益领跑情况，如图 6–5 所示。

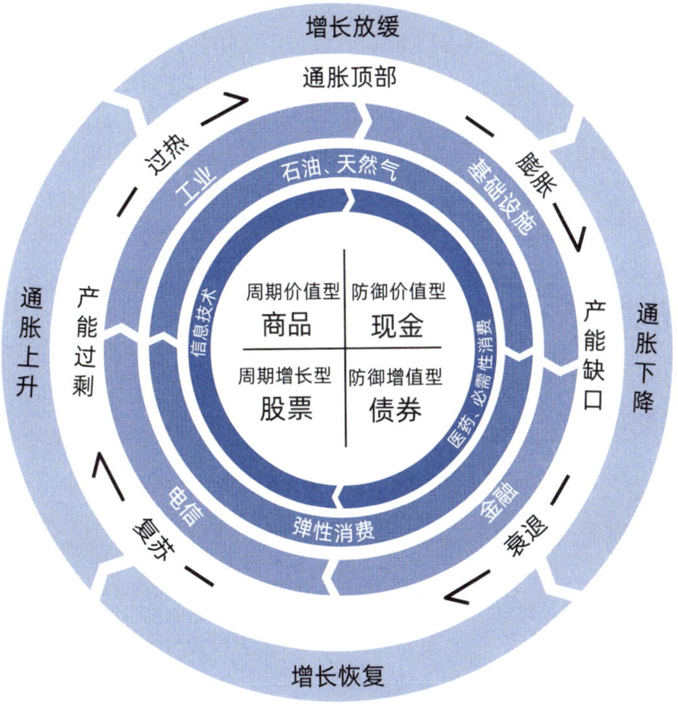

图 6–5　美林投资时钟

（1）**衰退期**：经济下行，产能缺口变小，通胀下行，货币政策趋松，债券的收益表现最突出，即债券＞现金＞股票＞大宗商品。

（2）**复苏期**：经济上行，产能缺口变大，通胀下行。经济转好，企业盈利改善，股票获得超额收益，即股票＞债券＞现金＞大宗商品。

（3）**过热期**：经济上行，产能过剩，通胀上行，通胀上行增加了现金的持有成本，加息的可能性降低了债券的吸引力，大宗商品受益于通胀的上行，明显走牛，即大宗商品＞股票＞现金＞债券。

（4）**滞胀期**：经济下行，产出缺口变小，通胀上行，经济下行拖累企业盈利，对股票构成负面影响，债券的吸引力提升，即现金＞债券＞大宗商品＞股票。

理论上，我们可以根据美林投资时钟模型配置资产。在经济衰退时，加大债券基金的仓位；在经济复苏时，重点选择股票基金；在经济过热时，再切换大宗商品基金。但是，预测宏观经济，需要追踪每个季度、每个月的经济数据，哪怕是桥水创始人达利欧，也要雇一群做语言识别、模式识别的科学家来分析，深入研究才可勉强“猜测”未来走势。宏观预测对普通投资者来说太难了，难于上青天！

但我们可以通过较为简易的方式，大致确定各类基金的比例。

如何确定各种基金的比例？

1.333 极简配置

我们选取沪深 300、中债综合财富、大宗商品这 3 个指数，按照 33%：33%：33% 均等分的方式，做个“指数基金 333 极简配置组合”。

这一极简配置方法，就是综合考虑了不同的资产类别在不同经济环境下收益表现的不同，是一种中庸的选择。而且这种极简方法长期下来，往往也能在收益和风险平衡上取得比较不错的结果。

我们选择了 3 只成立时间均在 10 年左右、长期跟踪指数的场外基金代替指数进行回测，这 3 只基金分别是国泰沪深 300 指数、易方达中债新综合债券指数 A、国联安上证大宗商品。组合与沪深 300 对比，见图 6-6。

数据显示，在 2016 年 12 月 31 日至 2021 年 12 月 31 日这 5 年当中，沪深 300 的收益是 49.25%，而指数型基金 333 极简配置的收益是 66.48%。

最大回撤方面，这 5 年沪深 300 的最大回撤是 32.46%，而指数型基金 333 极简配置的最大回撤是 20.72%。

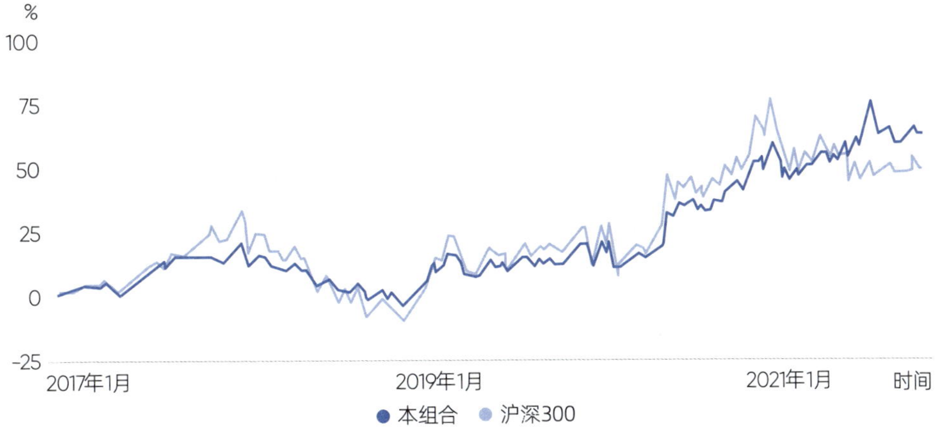

图 6-6 指数基金 333 极简配置组合与沪深 300 收益对比

资料来源：Wind。

2. 不同的比例会有什么效果?

构建基金组合的核心原理，其实就在于不同品种之间不存在相关性。单一品种往往呈现不规律的波动，难以把握。但 3 个不同的资产之间常处于不相关的状态，偶尔还能呈现互补态势，如果能将 3 个品种合理地组合起来，或许就能降低组合的波动!

我们分别以股票、债券、大宗商品这三类基金模拟出稳健型、进取型、激进型三种基金组合，看看会有什么效果。

如表 6-6 所示，稳健型基金组合里配置了 60% 的债券基金，股票型基金和大宗商品分别占 20%。在 5 年的区间里，组合的收益为 34.71%，最大回撤不到 10%，而仅持有沪深 300 的最大回撤高达 32.36%，可见稳健型组合确实能够降低波动。稳健型投资者更在乎投资的安全性。一般将 50% 以上的资金布局安全性较高的投资工具，如债券基金。

可以承受稍高一些的波动，且对收益有一定要求的投资者，可以尝试进取型基金组合，在表 6-6 中，股基、债基、大宗商品的占比分别为 50%、30%、20%。组合的最大回撤超过 20%，但整体而言，波动仍处于可以接受的范围内，收益为

62.11%，相较沪深 300 也有很大提高。进取型投资者，对投资持理性态度，熟悉投资知识，可承受一定风险，愿意长期投资以换取较高的长期潜在报酬。

表 6-6　不同基金组合的收益和最大回撤　单位：%

组合	基金比例	收益	最大回撤
稳健型	股基 20%、债基 60%、大宗商品 20%	34.71	9.17
进取型	股基 50%、债基 30%、大宗商品 20%	62.11	21.21
激进型	股基 70%、债基 10%、大宗商品 20%	70.68	27.66
极简配置	按照 33 ∶ 33 ∶ 33 均等分的方式	66.48	20.72
沪深 300		49.25	32.36

资料来源：Wind。
注：数据区间为 2016 年 12 月 31 日至 2021 年 12 月 31 日。

如果将股基的占比提高到 70%，债基的占比降到 10%，大宗商品的占比保持在 20%，我们可以得到进攻性更强的基金组合。就收益而言，激进型基金组合超过了前两个组合，并大幅跑赢了沪深 300，5 年的收益为 70.68%。但是，激进型组合的最大回撤接近 30%，并且历史上多次回撤接近 20%，呈现出一定的波动特征。如果是对收益有一定期望，能承受较高的波动，可以考虑该组合。

● 如何把投资组合做得更出色？

上述组合选用的都是指数基金，指数基金仅代表各类资产的平均收益水平，如果每类资产我们都选择超额表现较为突出的基金，则显然组合还有优化的空间。

按照优选超额基金的思路，我们先来建立一个资产备选库，各类资产的筛选标准如下。

1. 股票型基金

我们将股票型基金按照基金经理划分为三类："双十"基金经理、5 年超额收益基金经理和新兴基金经理。

其中，**"双十"基金经理**，选取任期超过 10 年，年化收益率超过 10%，最大回撤不超过 35% 的 5 位基金经理。

5 年超额收益基金经理：以最近 5 年（2017 年 1 月—2021 年 12 月）的年化收益率大于 25% 为标准，选取任职年限大于 5 年，小于 10 年（即 2012 年 1 月—2017 年 1 月任职）的基金经理。根据收益率从高到低，选取 5 位基金经理。

新兴基金经理：以最近 3 年（2019—2021 年）的年化收益率大于 50% 为标准，选取任职年限大于 3 年小于 5 年（即在 2017 年 1 月以后任职）的基金经理。根据收益率从高到低，选取 5 位基金经理。

2019 年是一轮牛市爆发的起点。市场上也出现了不少激进的基金，动辄就押注某一个行业，涨时疯狂连续上涨，跌时则昏天黑地下跌。在这里，我们剔除行业基金，选择主打均衡投资风格的新兴基金经理。筛选结果见表 6-7、表 6-8、表 6-9。

表 6-7 "双十"基金经理筛选结果

基金代码	基金简称	基金经理	最大回撤（%）	年化收益率（%）	基金规模（亿元）	该基金的任职年限（年）
377240.OF	上投摩根新兴动力混合 A	杜猛	25.09	23.80	84.52	10.70
110015.OF	易方达行业领先企业混合	冯波	26.94	19.67	21.99	12.25
450009.OF	国富中小盘股票	赵晓东	20.60	19.55	47.81	11.36
166001.OF	中欧趋势	周蔚文	26.85	18.89	115.08	10.63
161005.OF	富国天惠	朱少醒	30.11	18.44	405.18	16.38

资料来源：Wind。
注：数据统计区间为 2012 年 1 月 1 日至 2021 年 12 月 31 日。

表 6-8　5 年超额收益基金经理筛选结果

基金代码	基金简称	基金经理	最大回撤（%）	年化收益率（%）	基金规模（亿元）	该基金的任职年限（年）
003961.OF	易方达瑞程混合 A	林森	24.78	32.22	76.90	5.20
166301.OF	华商新趋势优选灵活配置混合	周海栋	16.54	29.25	17.55	6.88
519133.OF	海富通改革驱动混合	周雪军	15.14	29.09	175.25	5.90
001538.OF	上投摩根科技前沿混合 A	李德辉	26.65	28.99	57.18	5.39
001875.OF	前海开源沪港深优势精选混合 A	曲扬	44.15	28.89	113.98	5.95

资料来源：Wind。
注：数据统计区间为 2017 年 1 月 1 日至 2021 年 12 月 31 日。

表 6-9　新兴基金经理筛选结果

基金代码	基金简称	基金经理	最大回撤（%）	年化收益率（%）	基金规模（亿元）	该基金的任职期限（年）
090018.OF	大成新锐产业混合	韩创	12.91	70.67	125.72	3.25
002669.OF	华商万众创新混合	梁皓	29.95	69.31	27.33	4.44
519126.OF	浦银安盛新经济结构混合 A	蒋佳良	23.77	62.42	50.04	3.44
400032.OF	东方主题精选混合	蒋茜	25.14	62.19	36.92	3.27
519727.OF	交银成长 30 混合	郭斐	19.50	51.87	15.16	4.54

资料来源：Wind。
注：数据统计区间为 2019 年 1 月 3 日至 2021 年 12 月 31 日。

2. 债券型基金

以最大回撤不超过 5%，年收益在 6% 以上为标准，我们选取了 5 只业绩表现良好的债券型基金，见表 6-10。

表 6-10　债券型基金筛选结果

基金代码	基金简称	基金经理	最大回撤（%）	年化收益率（%）	基金规模（亿元）	该基金的任职年限（年）
000171.OF	易方达裕丰回报债券	张清华 张雅君	4.67	9.89	410.77	8.23
001338.OF	安信稳健增值混合 C	李君 张翼飞	1.58	6.88	188.30	6.85
485111.OF	工银瑞信双利债券 A	徐博文 欧阳凯	1.80	6.98	201.06	11.63
100018.OF	富国天利增长债券	黄纪亮	0.77	6.52	214.98	8.02
000045.OF	工银产业债债券 A	何秀红	3.55	6.91	240.41	9.01

资料来源：Wind。
注：数据统计区间为 2019 年 1 月 1 日至 2021 年 12 月 31 日。

3. 大宗商品型基金

市场上不少热门的大宗商品型基金，如煤炭 ETF、化工 ETF，成立时间都较短。综合考虑，我们优选了成立时间在 3 年以上的 5 只大宗商品型基金，见表 6-11。

表 6-11　大宗商品基金筛选结果

基金代码	基金简称	基金经理	最大回撤（%）	年化收益率（%）	基金规模（亿元）	基金成立日
161715.OF	大宗商品	邓童、侯昊	43.54	10.69	2.24	2017-06-28
161226.OF	白银基金	赵建	49.65	-4.89	15.11	2015-08-06
518880.OF	黄金 ETF	许之彦	22.87	3.87	120.17	2013-07-18
510170.OF	商品 ETF	黄欣	63.56	0.81	2.17	2010-11-26
160723.OF	嘉实原油	蒋一茜	74.39	0.64	2.93	2017-04-20

资料来源：Wind。
注：数据统计区间为 2019 年 1 月 1 日至 2021 年 12 月 31 日。

4. 回测实验

根据上文选出的全部基金，我们按照 333 极简配置的标准进行资产配置（简称明星基金 333 极简配置），股票资产占比为 33.33%，其中“双十”基金占比为 11.11%，5 年超额收益基金占比为 11.11%，新兴基金经理占比为 11.11%（即每只股票类基金占比为 2.22%）；债券资产占比为 33.33%（即每只债券型基金占比为 6.66%）；大宗商品资产占比为 33.33%（即黄金、白银、原油等 5 只基金各占 6.66%）。回测过去 5 年，组合收益表现见图 6-7[①]。

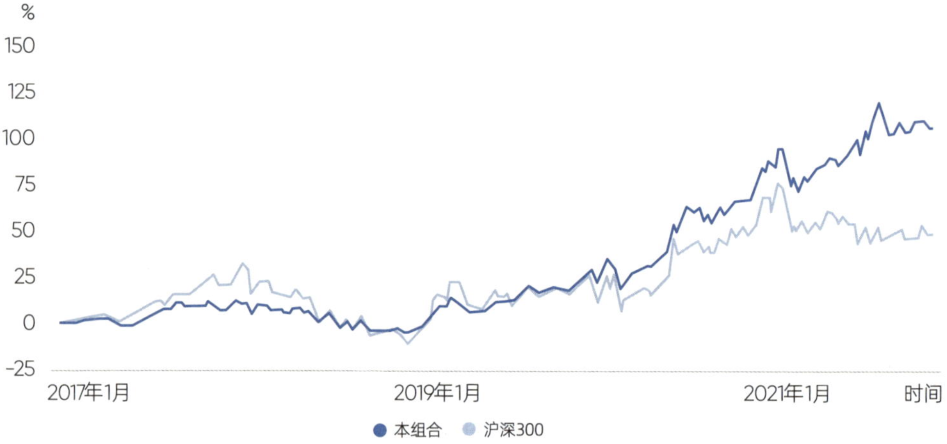

图 6-7　筛选出的基金采用极简配置回测结果

资料来源：Wind。

由图 6-7 可以看到，从 2017 年 12 月至 2021 年 12 月，明星基金 333 极简配置的收益率是 107.15%，远大于指数基金 333 极简配置，更远远大于沪深 300 的 21.28% 收益率水平。该组合的最高收益出现在 2021 年的 9 月，收益率高达 119.98%。

此外，明星基金 333 极简配置的最大回撤为 15.96%，而该区间指数基金 333 极简配置的最大回撤为 19.28%，沪深 300 的最大回撤为 32.36%。明星基金 333 极简配置的回撤控制也明显优于对照方案。

综上所述，优选主动型的股票基金、债券基金和大宗商品型基金组成的明星基

① 因大宗商品型基金中有两只基金成立时间不足 5 年，在回测的过程中以商品 ETF 替代。

金 333 极简配置组合，不论是收益率还是回撤表现，都优于指数型的极简配置组合。

当然，如果你是比较进取的投资者，可以加大股票型基金的配置比例；如果你是比较稳健的投资者，可以加大债券型基金的配置比例；如果风格更激进，可以加大股票型基金和大宗商品的配置比例。

● 什么是最佳的资产配置？

资产配置没有绝对意义上的“好坏之分”，适合自己的才是最好的。不同类别资产对应特定属性，在投资组合中的作用也各不相同。就像没有一个具有普适性的“完美”气候，在投资中也没有一个“最佳”的资产配置。

成功的投资策略，始于适合自身目标和风险承受能力的资产配置，能让你保持好心态，在长期获取好收益。

因此，对投资者来说，明智的做法应当是：在做出具体投资决定之前，投入一定时间来选择合适的战略性资产配置。

如果想要长久地获得投资的成功，就要精心研究投资组合，知道如何配置资产。聪明的投资者不会盲目海选投资标的，而是会在买入资产前投入大量时间，选择适合自己的战略性资产配置。

可能读到这里，你仍然很迷茫，不知道该怎么构建基金组合。没关系，下一节我们就教你一种方法，让你轻松实现基金的组合配置。

一键实现资产配置，把钱交给专业的人

在上一节里，我们了解了资产配置的重要性及配置基金组合的几种策略。对于普通投资者来说，学习成本还是相对较高。有没有什么简单的办法，可以轻松实现基金的组合配置呢？

还真有！这就是本节的重点：基金投顾。

● 把钱交给专业的人，把时间留给爱的人

基金投顾，全称叫“基金的投资顾问业务”，主要是指拥有相关资质的投资顾问机构，接受客户委托，在客户授权的范围内，按照协议约定为客户做出投资基金的具体品种、数量和买卖时机的选择，并代替客户进行基金产品申购、赎回、转换等交易申请。

简而言之，就是投资者把钱委托给基金投顾管理人，由管理人代客户进行决策和买卖。投资者仅仅付出一些投顾服务费，就能让专业的投顾来帮我们理财，将复杂的基金配置和调仓全部交给管理人。

人生最宝贵的是时间！何不把钱交给专业的人管理，把时间留给爱的人呢？

有些人可能会疑惑，已经有基金经理帮我管钱了，为什么还需要投顾呢？基金

投顾业务并不是“多此一举”，接下来就详细说说，基金投顾都能帮我们解决哪些投资问题。

择基择时很头疼，全部交给基金投顾！

1. 基金比股票数量还多，不会挑？

目前市场上公募基金数量已超过 1 万只，权益类基金超过 6000 只，比 A 股上市公司还要多。基金数量超过个股数量，所以不少人认为选基比选股还麻烦。

选基金其实是个技术活儿，需要多维度考虑。既要挑选基金的种类，看懂基金的历史业绩、超额收益、最大回撤；也得考虑基金规模、费率、基金公司；还要摸清基金经理的投资风格，基金季报年报篇篇都得看，访谈更不能落下。基金投顾则可以帮我们解决这些难题。

经过近 30 年的发展，我国头部基金公司的投研能力已经毋庸置疑。在挖掘优秀基金方面，基金公司就是嗅觉最敏锐的猎人。以 2021 年为例，一大批黑马基金经理如雨后春笋般涌现，如“画线派高手”华安基金刘畅畅，收益曲线呈现 45 度上扬，下半年产品规模增长快速，基民蜂拥而来。但其实早就有机构投资者在 4 月初就发现并买入了她管理的华安文体健康，大幅提前于基民发现这只基金。

基金公司就是做基金的，没有人能比他们更清楚基金投资的门门道道，更会挖掘优秀的基金经理。就好比去饭店吃饭，能让厨师们交口称赞的餐厅，一定错不了。由知根知底的同行选出来的基金经理，从投研能力到职业操守，都会更加靠谱。

基金投顾的管理人虽然不是传统的基金经理，但大部分是做基金研究或配置策略出身的。在甄别市场风格和基金经理水平方面，他们是最擅长的。他们拥有一套选基和选基金经理的体系化方法，能从海量基金里优中选优，让“择基”不再是问题。

2. 你总是高位进场，低位“割肉”？

很多人认为基金要想赚钱，最重要的就是：买到一只好基金。但即使买到了非常优秀的基金，基金赚钱了，基民也不一定能赚钱。

数据显示，近 15 年，主动权益基金年化收益率为 16.67%，但是超过 7 成的客户收益不到 10%，还有 13% 左右的客户处于亏损状态，历史全部个人客户的平均收益率仅为 8.85%，远低于基金收益。造成这一现象的原因就是基民喜欢高位进场、底部“割肉”。

相对普通人，基金投顾团队有更强的研究能力，同时会使用一定的资产配置策略，抑制过强的顺周期投资。比如有的策略会规定股票型和债券型基金的投资比例，会限制在行情火热时加仓股票型基金，在行情低迷期减少股票型基金的比例……

择时很难，机构也无法做到精准择时。但相对普通投资者来说，基金投顾机构有更显著的研究优势、强大的风险管理能力和灵活的配置策略，这些都会帮助我们减少过强的顺周期投资行为，在行情波动时，获取更多收益。

3. 能力圈太小，玩不转资产配置？

没有一成不变的热门题材，更没有永久有效的策略。资产配置涉及股、债、衍生品等多类投资品种，还需要在不同的宏观环境及市场条件下进行平衡，对于普通投资者来说，简直是“地狱难度”。但投顾团队则可以较完美地解决这些问题。

投顾就是多策略、多品种的资产配置。单靠管理人自己的能力圈来进行投资很难，基金公司普遍会组建专业的资产配置团队来支持其研究，由不同的人分别负责不同资产的研究，有的擅长做大类资产配置，有的具备险资管理经验，有的擅长量化研究，还有的擅长底层基金的深入调研……能力布局无死角，能在各类资产层面以及每一个投资环节上，都建立超额收益能力。投顾强大的团队是帮我们解决资产配置难题的一把利刃。

4. 基金投顾还有什么优点？

第一，全权委托管理和调仓，节约时间成本。

缺少时间和专业能力研究基金、管理账户，这是很多基金投资者面临的问题。举个最常见的例子，基金的交易是有固定时间的，下午 3 点后提交的交易申请将晚一个交易日确认。对于职场人来说，开会错过了交易时间时有发生。全权委托投资顾问来打理基金账户，不仅省去了大量研究基金的时间，也不用费心跟踪市场，是省心省力的懒人理财方式。

第二，费用低。

目前市场上的基金投顾年费率一般在 0.2%~1%。不同类型的基金投顾策略，费率会有一些差别，偏向短期理财性质的低一点，倾向于权益类基金的费率会高一些。

许多基民曾经担心多一重基金投顾的费用，可能侵蚀收益。其实不必纠结，现在很多基金投顾服务，在申赎费上都有很大的优惠力度，买入自家基金甚至是零费用。经过底层基金交易手续费的减免后，实际的费用负担并没有增加。

第三，信息披露更透明。

和 FOF[①] 不同，基金投顾的信息披露更为灵活。FOF 只能披露季报，而基金投顾有的是定期披露持仓，有的则是一调仓就披露，投资者能更为及时地了解基金管理人干了什么。

● 哪里能找到基金投顾？

截至 2021 年 12 月 31 日，获得投顾试点资格的机构共有 58 家。由于各家仅展示自己提供的投顾服务，如果我们想看到市面上所有的投顾产品，则需要把 58 个

① FOF（Fund of Funds），即基金中的基金，一种专门投资于其他投资基金的基金。

App 都下载一遍，这显然是不太现实的。但是，不少基金公司、券商等会在第三方销售平台上线投顾产品，所以我们可以在雪球基金这样的第三方销售平台上，一览各家的热门基金投顾产品。

以雪球 App 为例，在基金页找到“投顾管家”，完成投资需求评估（KYC）后，就可以看到符合你投资需求的投顾产品了。

不看这 4 点，买基金投顾也会掉坑！

基金投顾可以帮助我们解决选基难题，但随着近两年这项业务不断发展，各类试点机构总共推出了 300 多只产品。投顾产品数量越来越多，于是如何挑选投顾又成了一个问题。

请大家记住一个原则：**从自身的角度出发，适合自己的才是最好的。**挑选产品之前需要明确，这笔投资的钱是什么性质。是短期的零钱管理、中长期的稳健理财还是长期的积极增值？根据这笔钱的性质，锁定对应产品分类，缩小选择范围。

确定了所属分类后，重点从历史业绩、投资策略和配置方案、投顾机构的投研实力、是否为全市场择基这 4 个方面进行筛选。

1. 长期业绩

把时间拉长看，净值就是投资能力的称重计。但需要注意的是，相较于主动基金，国内投顾业务展业时间较短，可追溯的历史并不算很长。对于投顾业务开展稍早的机构来说，相对会有一些优势，如第一批获准试点资格的易方达、南方等 5 家基金公司，较早的产品已经运行接近 3 年了。

那是不是只关注这 5 家基金公司的投顾产品就行了？当然不是。后来拿到试点牌照的机构，只是产品发行稍晚，但他们的实力同样非常强悍，我们也不应该错过。这种情况下，我们可以看一下该机构此前是不是有策略相似、运行时间较长的组合或者 FOF 产品。如果有的话，这类产品的业绩也可以作为一个简单参考。

有了长期业绩，我们还需要和基准进行对比。例如积极增值类型的产品，可以重点看看是否能跑赢沪深 300；如果是稳健理财类的产品，则重点看看相对于基准的超额收益情况，以及是否达到了设定的收益目标。只有长期业绩能够跑赢业绩基准，或者能达到收益目标的产品，才能纳入我们的选择范围。

满足了我们对收益的期望后，就可以继续关注最大回撤、年化波动率、夏普比率等数据，进一步剔除不符合要求的产品，一步步缩小选择范围。

2. 投资策略和配置方案

基金收益完全来源于投资策略的指导，策略的重要性已经毋庸再提，投顾产品亦如是。当我们理解了投资策略，也就理解了底层投资逻辑。只有真正认可投顾的投资策略，在遭遇剧烈波动时，我们才能有信心继续持有相关基金。

策略说白了就是在不同的市场环境下，通过投资合适的基金产品，来实现投资目标的方案。投顾产品的投资策略都可以在策略说明书里找到，但总体来说不会特别具体，投资者看了可能依然是一头雾水。这里教给大家一个小窍门，看投资策略主要抓两点就行了——根据什么方案进行资产配置？又是如何挑选基金的？

以易方达基金投顾为例，产品的配置方案就有多种，如二八轮动、二八均衡、波动率择时、股债平衡、多资产配置等。就像不同的季节需要穿不一样的衣服，挑选配置方案就是在不同的环境下，挑选出你认为最适合的那件衣服。

个基筛选方面，基金投顾普遍都会有自己的基金分类体系，相对于常见分类会更加细致。比如在主动权益类基金里，易方达投顾按照基金经理的投资风格可以分成多种：非常重视安全边际的价值型选手、对个股质地要求较高偏好一线白马的稳健成长型选手、没有风格行业偏好的均衡型选手、重视景气度的行业轮动型选手等七种类型。

确定底层基金的分类后，会进行定性定量的筛选，定量会着重在数据分析、业绩归因、量化手段等方面，精确归纳超额收益来源，看底层基金在不同市场环境下的表现。定性分析则是通过调研访谈，全面考察基金经理。

对于持有人来说，投顾产品采用的是全白盒策略，持仓完全透明，持有人可以通过周度、月度、季度的投资报告，甚至可以直接咨询投顾机构，来了解产品的配置方案。对于非持有人，如果想要在购买前多了解一下产品，可以去看看该机构有没有策略类似的FOF、组合产品，通过观察该产品的投资策略逻辑和选基方法，来大致了解该团队的投资理念。此外还可以在雪球App这样的投资者社区，多看看投顾团队的一些访谈和言论，做到心中有数。

然后我们需要观察投顾产品的投资目标、策略和配置情况是否保持一致。例如稳健型的投顾产品，债券、固收+基金应该是其主要仓位；高收益类的产品，股票型基金、高权益仓位的混合基金比重会更高。投资者可以在投资策略说明书里，查询产品具体的配置情况。

如果上述两者出现不一致的情况，就类似主动基金出现了风格漂移，违背了我们的投资初衷，应该避开。举个例子，一只稳健型的产品，它的主要持仓都是高成长赛道基金，或者商品类基金，那么就属于配置和产品定位不相符，可以不考虑了。

此外，还需要关注持仓和备选池里的各类风险等级的基金占比情况。

基金产品有5个风险等级，分别是：低风险（R1）、中低风险（R2）、中风险（R3）、中高风险（R4）、高风险（R5）。投顾产品通常会持有10~30只底层基金，个别底层基金可能会超出产品设计的风险等级，但一般仓位不会太高。这部分基金出现大幅波动时，对产品造成的波动不应过大。总之，底层基金总体的风险等级分布，应当与投顾产品的设计保持一致。

投顾的最大优点就是帮助我们解决择时、择基的难题，所以择时、择基能力，也是我们需要重点关注的。那具体要怎么看呢？

择时方面，我们可以通过投顾持有权益类基金的仓位情况，对比沪深300或者上证指数等宽基走势，来判断该投顾是否进行了有效的择时。

择基方面，可以重点观察长期持有的底层基金的长期业绩。如果重仓的底层基金业绩长期表现优秀，给产品贡献了较多的超额收益，那么我们可以认为投顾有较强的择基能力；反之，则说明其择基能力较弱。

3. 投研实力

投顾涉及多策略、多品种的资产配置，对投顾机构的投研实力要求不低。目前获得牌照的四类机构中，基金公司和券商的投研水平较高。这两者相比，基金公司还有着多年的 FOF 投资经验，在挑选基金、构建组合等方面的积累更多，比券商具有优势，所以我们挑选时可以优先选择基金公司的投顾服务。

在这么多家基金公司中，又该选哪家呢？

首先，看管理规模。

强者恒强的马太效应在任何行业里都存在，基金公司也不例外。基金公司管理的规模越大，赚到的管理费就越多，花在投研上的钱就会随之增加，那么就能给投顾团队提供更多的资源，吸引更多优秀的人才。这些方面的改变，对产品业绩也存在一个促进作用；产品业绩好了，又能得到更多投资者的认可，从而拥有更大的规模。

从上述过程中可以看出，基金管理规模与投研实力形成了正反馈效应，两者相互影响并持续增强。所以我们可以认为，规模大，一定程度上也代表着投研实力强大。

其次，可以看基金公司的获奖次数。

基金行业每年都会对基金公司进行评选颁奖，其中含金量最高的就是“金牛基金管理公司”。它是对基金公司的综合评价，关注的方面包括：投资业绩、投研团队、投资管理及风险管理、合规情况等。那些获奖次数较多的基金公司，各方面都可以让投资者更放心。

除了上述奖项，金牛奖还设置了权益、固定收益、海外、被动、量化等 5 个投资方向来评价基金公司的专项投资能力。如果某基金公司获得权益类的奖项较多，那么我们就可以认为，该公司在权益类投资上非常出色。当我们选择权益类投顾产品的时候，可以更多地关注该公司。

此外，我们还可以从基金经理人数、研究员人数、各类型产品的收益情况、是否出现过严重的投资踩雷等诸多方向，来衡量基金公司的投研实力。

4. 全市场择基

关于投顾是不是应该进行全市场择基，这个问题没有确定的答案。

有人认为，好的基金投顾机构，应该坚定地站在投资者这一边，从全市场筛选好的基金，帮助投资者实现盈利。如果基金投顾机构大量选择自家的基金产品，容易蜕变为以销售为导向。但也有观点认为，管理人对自家基金经理更为熟悉，掌握的信息更多，费率也更优惠，因此选择自家产品也很合理。两种说法都有一定的合理性，投资者可根据个人意愿来选择。如果你比较偏好全市场择基的产品，那么需要关注底层基金是 A 类还是 C 类。

投顾产品短时间买卖自家基金，是不需要支付申购赎回费的，买的是 A 类还是 C 类不存在区别。但如果配置别家产品比较多，费用上就会存在一些差别了。如果一只投顾产品持有的别家基金 A 类份额较多，说明该投顾产品或许打算长期持有该只底层基金；反之，则短期内可能会进行买卖。

总结来说，基金投顾是一个可以解决择时、择基和资产配置问题的“神器”，对于新手投资者非常友好。如果你平时没有太多时间研究基金，不会择时，但又想通过买基金来获得超越市场平均水平的收益，那么找一个擅长投资基金的高手——基金投顾来帮你，是最方便的解决办法。

第 7 章

基金买卖的“姿势”，决定了你的收益！

投资中 80% 的时间都是在等待，有效的交易时间可能一年中也就 20%，而市场先生从来不会在你准备好的时候来临，我们要做的就是看好它并坚定持有它。

一个安全有效的投资，一定不是寄希望于短期的择时，而是分散投资并坚定长期持有。这种分散除了通过资产配置进行持仓上的分散，还包括通过分期买入来实现时间维度上的分散。定投正是解决普通人不会择时的一种投资方式。

基金该什么时候买？什么时候卖？

一个完整的投资体系包括何时买、拿多久、何时卖 3 个问题。其中，买卖时点是基民最为迷茫的。这一节我们就带你学习基金的买入卖出技巧。

● 快速掌握主流基金品类的买入技巧

在你知道什么样的基金适合自己后，到底应该什么时候买入呢？其实这个问题并不复杂，只要选对了品种，持有的时间足够长，大部分情况下都能取得不错的收益。下面我们针对不同种类的基金，一一介绍。

1. 货币基金和债券基金

首先我们要明白，进行择时买卖的前提是想利用市场的波动获取超额收益。而货币基金和债券类产品本身就是一种相对稳健的产品，波动不大，所以相比其他类型基金，这两种基金对买入时机基本无要求，投资者可以根据个人需求随时买入并持有。

2. 股票型基金

如果你买的是主动型股票基金，就相当于把自己的钱交给基金经理打理，基金经理本身是会针对行情进行择时的，所以你是不需要亲自把握买点的。在买入之前，你应该多做做功课，了解基金经理的投资风格、擅长领域、过往业绩、回撤控制等。如果经过了解，你决定将自己的钱交给他管理，那么就应该相信基金经理的投资能力。

如果买的是指数型股票基金，需要自己判断这个指数基金是否到了合适的入场时机，可参考该指数的市盈率（PE）或者市净率（PB）的历史百分位。

当然，还有个更简单的方式，在雪球 App 中可以直接看到指数基金的估值情况。

如图 7-1 所示，PE 或 PB 百分位 <30%，且 PE 绝对值小于 20 倍，此时的指数处于较低估值的状态；PE 或 PB 百分位 >70%，且 PE 绝对值大于 20 倍，此时的指数处于较高估值的状态；其余情况为估值适中。指数数据时间较短（不满 5 年），不参与估值。

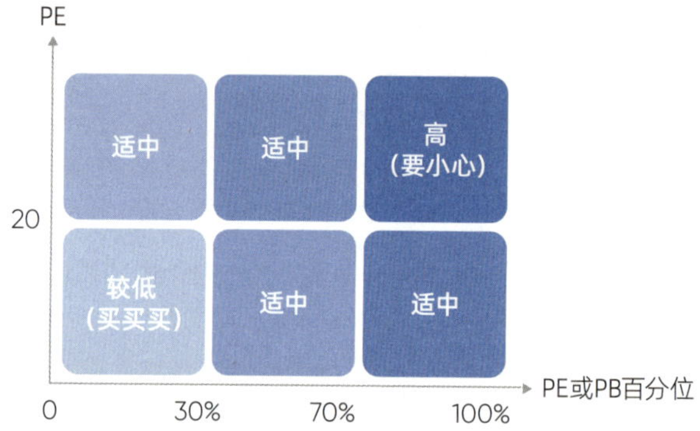

图 7-1　指数基金估值说明

资料来源：雪球 App。

在这里特别要指出的是，并不是在上述低估区域买入一定赚钱，高估区域买入一定亏钱。**市场本身的波动是很难把握的，长期来看，只要避免在估值明显偏高的时候买入，并且长期持有，最后都能获得一定收益。**

拒绝追涨杀跌！长期持有是稳定获益的利器

2021 年 10 月，景顺长城基金、富国基金、交银施罗德基金联合发布了《公募权益类基金投资者盈利洞察报告》。这份报告中指出，长期来看基民行为对基民收益产生一定的损耗。根据数据分析，基民最终所能获得的投资收益主要受到两方面的影响，一是投资者无法控制的基金经理投资水平等客观因素，二是基民的主观行为因素。可以得出基民投基收益等式如下：

基民投基收益 = 基金损益 + 基民行为损益

即使基民已经从众多的基金中选到好的基金、好的基金经理，这也不能代表基民最终能获得满意的投资收益，基民的“操作”给收益带来的损耗率接近 60%！需要特别指出的是，在基金的“丰收年”，基民操作带来的负面影响更加突出。例如，在 2019 年、2020 年这样基金整体取得高收益的年份，基民投资行为的影响分别达到 –24.52%、–32.45%。

所以很多人常说基金让自己赔钱，其实这是一个认知误区——不是基金让投资者赔钱，而是投资者频繁买卖、追涨杀跌等行为让自己赔钱。

那么如何能够在市场下跌的时候保持淡定、在市场上涨时拒绝诱惑呢？

我们先看图 7–2，几乎所有的人都希望能够在低位抄底、高位逃顶，但理想很丰满，现实很骨感。事实上，在市场大跌时投资者会无比恐惧，大涨时又无限贪婪，结果便是失去了原本的投资机会，会产生由追涨杀跌心态带来的错误行为。

投资往往是反人性的，只有克服恐惧，敢于拥抱下跌带来的机会，才能享受长期持有带来的复利。不过如果你想整体提高风险收益比，也可以在极端情况下，也就是在市场疯狂时离开。

可参考的指标如新基金的发行量。一般来说，市场的赚钱效应好，基金公司就会拼命发热门行业新基。由于老基民的热情以及源源不断的新基民进入，很多基金都会实现单日百亿元的基金销量。但此刻不少热门行业的个股已经累积了一定的涨幅，有些甚至估值过高，市值以及公司业绩增速已经撑不起股价。这个时候如果你再进场，那么很可能就高位站岗了。

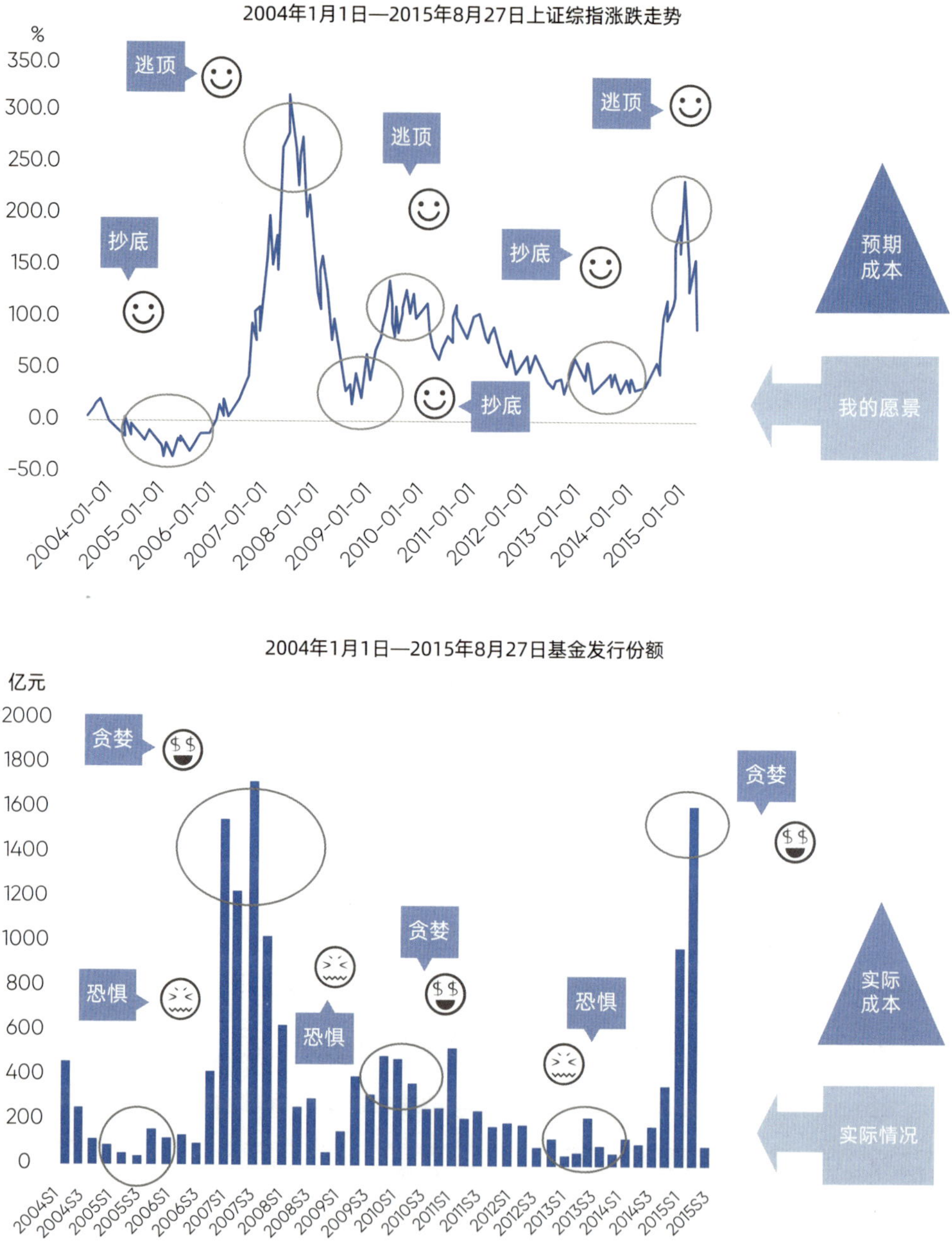

图 7-2　基民追涨杀跌的错误行为

相反，在市场低迷时，投资者往往不愿意买基金，甚至很多基金出现发行失败的现象，这时候往往也就是市场的阶段性低点。投资中 80% 的时间都是在等待，有效的交易时间可能 1 年中也就 20%，而市场先生从来不会在你准备好的时候来临，我们要做的就是看好它并坚定持有它。

● 基金出现这些状况，可以考虑赎回！

长期持有策略并不代表在买入之后就完全不闻不问。我们在选基金的时候，主要是基于个人的可投资时长、风险承受能力、投资目标，同时也会基于该基金背后的投资策略、基金经理的能力等。如果这些基本点都没有变化，我们还是倡导长期投资；但如果基本点有所改变，我们就要考虑这只基金是否还适合自己。对于投资者而言，出现以下几种情况可以考虑赎回基金。

第一，市场过度疯狂时可考虑卖出。以 2015 年的市场情况为例，自 2014 年 7 月，大盘权重股便开始暴涨，上证指数从 2040 点开始一路上攻，最高涨到了 3239 点，涨幅超过 58.8%。次年 2 月，创业板开始上攻，与上证指数同时大涨。此时的股市空前狂热，很多人都开始聊股市、聊基金，甚至之前不买基金的人都开始疯狂涌入。然而，当市场上看涨的观点高度一致、人人都觉得股市是提款机时，你就要谨慎了。出于风险控制的考虑，此时可以降低股票仓位或暂时离场。

第二，达到目标收益时可考虑卖出。如果你觉得以上卖出时机不好判断，那么可以考虑设置严明的纪律来保证自己的投资收益率。可以根据自己最初设定的收益目标来设定卖出条件。这种投资方法可能吃不到完整的牛市红利，但整体收益会比较稳定，适合风险承受能力较低的投资者。

第三，当自己的风险偏好发生变化时可以考虑卖出，换其他标的。随着投资年限的累积，不少基民从最初的门外汉逐渐成长为一名基金老手，对市场也变得更熟悉，同时自己的风险偏好也会随之发生变化。如果此时发现还有更适合自己风险收益特征的标的，可以考虑卖出，换其他标的。比如之前风险承受能力较低的基民，如今可以承受一定的波动，可以从以纯债为主，再加入一些偏股型基金。

除此之外，我们再讲几种可以考虑卖出基金的常见现象。

1. 主题型基金风格漂移

主题型基金的“风格漂移”并不是最近才有的事情。早在 2015 年创业板牛市，“互联网 +”行业热极一时的时候，基金公司便发行了许多互联网主题基金。后来创业板涨幅过高崩盘，这些在风口上发行的基金一度抛弃自己的投资主题，大幅重仓白酒股。

此事件之后，“风格漂移”也成了公募基金中的常事。消费基金可以重仓新能源，文体基金可以重仓消费，金融主题基金可以重仓芯片。

但事实上，如果基金合同中明确界定了基金的投资方向，基金经理却按照自己对短期市场的理解违反了合同规定，理论上属于违约行为，特别是主题型基金。很多基民在选择基金时有自己的判断，如果突然底层资产大变脸，也违背了基民选择该基金的初衷。

自 2021 年年中以来，也发生了类似的漂移事件。由于新能源产业链集体暴涨，新能源主题新基也迎来了发售高潮，同时有些老基金为了追求短期收益，也开始追高新能源。

如果这种风格漂移违背了你当初买基金的初衷，可以考虑卖出基金。

2. 主动基金更换基金经理

一般来说，我们选择了一只主动基金，多半是看好基金经理的管理能力。如果一只业绩较好的基金，中途更换了基金经理，这个时候我们要不要卖出呢？

我们可以从两个方面来考虑。第一，看接管人是否优秀。作为基金公司，肯定会派出能力很强的基金经理来接管，因为基金公司要考虑品牌形象以及维护客户。例如，2021 年 10 月，兴全趋势基金的基金经理董承非离职，兴全基金就派出能力很强的谢治宇来管理兴全趋势基金（一同管理这只基金的还有董理和童兰）。

第二，看两任基金经理的投资风格是否差异过大。一般来说，如果两任基金经理的风格大致相同，那么大概率可以维持基金业绩的稳定性；如果差异过大，不排除新任基金经理卖出基金获利了结，这样的话，就需要空仓一段时间来考察新任基金经理的能力。

3. 基金规模过小、基金基本面恶化等情况

如果你在买基金的时候是零基础，那么会很容易买到质地没有那么优秀的基金。如果后续该基金的规模越来越小，说明市场对它的认可度在降低，资金量以及流动性堪忧，这个时候就应该考虑及时止损。

经过这一节，相信大家对基金的择时买卖有了一定的认知和了解。对于买入和卖出，一定要有原则和依据，切忌跟着感觉走。

存钱不如存基金！用最笨的方法躺赢

储蓄是中国人的一项优良传统。过去，人们会通过定期存款的方式积累财富；但事实上，它根本跑不赢通货膨胀，资产保值都难做到，更别提增值了。

有一种更聪明的升级版储蓄方式，不但可以完成财富积累，还能实现资产复利增值！这便是基金定投。

为什么说基金定投是一种升级版的储蓄方式呢？我们可以通过一组数据来回答。

假如你的可用资金为 1 万元，如果你选择定期存款，假设整存整取两年期的存款年利率为 2.5%，那么两年后，投资者可得到：本金 10000 元 + 利息 500 元 = 10500 元。

假如你的 1 万元本金是以定投基金的方式“储蓄”，选择以沪深 300 为基准的 ETF 联接基金，以定期定额的方式每月定投 833 元，那么在 2019 年 12 月 24 日至 2021 年 12 月 24 日这两年间的总收益为：本金 10000 元 + 利息 1773.75 元 = 11773.75 元。

数据告诉我们，定投不但可以帮我们管住手，还能实现资产的复利增值。定投存基金，每月一小笔，理性理财，长期投资，它不仅会给你带来安全感，当你有紧急需求的时候，更会带给你意想不到的财富“自由”。

基金定投，让你不再为择时困扰

基金定投可以说是一种适合绝大多数投资者的理财方式，它的优势主要有：弱化择时、平滑波动，极高的普适性与容错率。

1. 弱化择时、平滑波动

有过投资经验的人都知道，选到一只优质基金难，想要精准踏对市场节奏更难。在风云变幻的市场中，每个人都希望能避开行情低迷的时期，把握住市场最好的那几天。但实际上，决定市场走势的因素有很多，过度追求择时，很可能陷入追涨杀跌的困境。

一个安全有效的投资，一定不是寄希望于短期的择时，而是分散投资并坚定长期持有。这种分散除了通过资产配置进行持仓上的分散，还包括通过分期买入来实现时间维度上的分散。定投正是解决普通人不会择时难题的一种投资方式。

我们先来模拟一下不择时定投高位入场的情况。

假如你在 2007 年 12 月 28 日开始定投基金[①]，此时沪指达到 6124 的历史高点，在你定投后的两个月内，整个市场遭遇剧烈的下跌，并且接下来的日子伴随着长达半年以上的持续低位震荡行情。而你每个月末仍坚持投入 500 元，无论波动大小都严格遵守纪律，到 2009 年 12 月 30 日市场有所反弹时，该定投的收益率能有多少呢？

你可能会说，如此高位买入，之后的反弹幅度那么小，这还能赚钱吗？事实上，我们使用雪球服务号定投计算器回测，数据表明，该轮定投不但赚钱了，而且还取得了 22.06% 的收益（见图 7–3）！

① 模拟所用的基金为嘉实沪深 300ETF 联接（LOF）A。

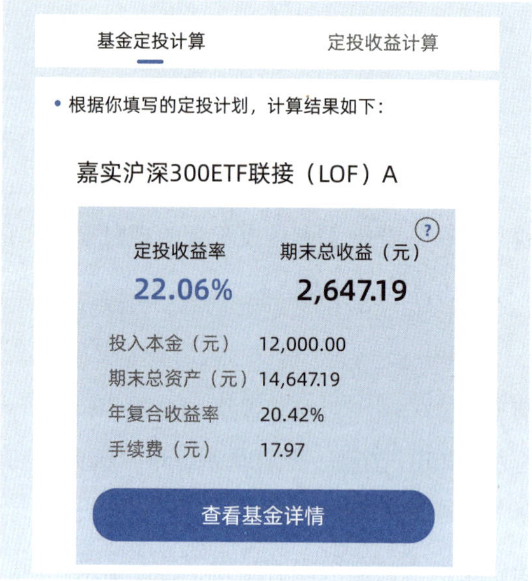

图 7-3　定投收益率

由于定期定额的属性，在市场低位时，我们投入同等的金额，买入的份额就会变多；在反弹时，整体份额的回报也会变多。这样，即使是买在高点也不用过于担心，之后的持续定投可以平滑掉一个一个波动较大的市场周期。最终你会发现，对于定投来说，择时不重要，只要你能拿得住，最后呈现出来的平均成本都是比较合理的。

2. 极高的普适性与容错率

首先，定投基金省时省力，以每月一次为固定周期，1 年所耗费的时间大概为 12 次 × 10 分钟。2 个小时便可以搞定，即便你没有太多的时间，也可以做较简单的基金定投。其次，基金定投是一种非常适合 A 股的投资策略。A 股的一大特色是熊长牛短，这种行情最适合做定投。基金定投不但可以帮助投资者解决择时难题，还能包容在初期建仓时的错误。即使你错误地选择了高波动的资产，通过定投的方式也会让你的成本越摊越低。

综合来说，基金定投作为优质的长期投资理财计划，能够帮助投资者有效地积累财富，同时解决基民的择时难题，整体风险还可控，是一种适合绝大多数人的投资方式。

四步走，来制订自己的定投计划

定投适合那些现金流稳定，但没时间没精力做更多研究的投资者。除此之外，如果你有一定的存量资金，也可以通过定投的方式配置权益类资产。做好定投，可以分四步走。

第一步，制定合理的资金规划。

定投的资金来源主要分为两类，一是存量资金，二是增量资金。投资者可以基于自身的实际需求、风险偏好，做合理的资金安排。一般来说，建议将不超过可支配收入的 30% 用于定投。同时，考虑到通货膨胀和未来收入增速，在制定资金规划时，可设置本金逐年递增。此设置因人而异，如果你目前的收入已经趋于平稳，可以不做设置。

第二步，设定合理的收益预期。

与短期高风险高收益不同，本质上来说，定投是一种较长期的理财方式，利用资产价格的波动，通过分批买入，获得相对合理的价格，然后等待基金净值上涨获利。

所以，对定投收益一定要有合理预期。一般来说，定投指数基金，能实现 8%~12% 的年化收益；结合低估定投，能实现 10%~15% 的年化收益。最后，通过长期持有，来积累大量的基金，最终获益。

第三步，选对定投目标，长期持有核心资产。

定投是一种利用市场波动来实现收益的策略，所以我们在定投中要避免选择波动过小的基金品类，如货币基金。同时，能够让你心甘情愿买入并长期持有的，一定是你眼中最优质的核心资产。坚持定投背后的逻辑就是：你坚信所买入的资产，在未来的漫长岁月中，能给你带来超额价值。

我们要选择长期来看能跑赢大盘的基金，如优质的核心指数基金、享有长期行业红利的长牛型基金。其中，指数基金成分股足够分散，同时又可随时量化调整，最适合普通人定投。

第四步，设置稳健的持仓占比。

根据自身的风险偏好，投资者可以制定适合自己的基金组合配比。持仓占比稳健、合理，才能让自己拿得住。无论是持仓标的分散度，还是整体仓位配比，都需要合理恰当。在配置宽基指数时，要降低宽基指数之间的相关性，例如可以用“红利指数 + 沪深 300+ 中证 500”这样的组合方式，来提高持仓的稳健性。行业指数同理。

● 基金定投进阶法——价值平均策略

1. 价值平均策略：解决定投钝化问题

定投的基本方式即定期定额买入，采用这一买入模型在经历了一段时间后，新增投入的占比会越来越小，追加投资的效果会逐渐不明显，即每次定投的资金摊低单位购买成本的作用非常有限。当你的增量资金对于存量资金的影响微乎其微的时候，就出现了定投钝化现象。

进阶版定投方式——价值平均策略，则可以有效缓解定投钝化的问题。该策略的目标为市值定期增长，具体方法为定期但不定额。

美国经济学家迈克尔·E. 埃德尔森在其《价值平均策略——获得高投资收益的安全简便的方法》一书中最早提出这一策略。他为投资者提供了一种有效的公式化投资策略，通过机械化的交易，进行逆向投资，克服人性的弱点。

一般来说，要设计一款适合自己的价值平均策略，主要从下面 4 个维度着手。

（1）定投标的的确定；

（2）月投金额和时间跨度的确定；

（3）本金的投资增速及最高扣款金额；

（4）合理的价值增长预期。

一般来说，本金投入增速主要取决于你的远期现金流。如果你未来的收入空间比较大，可以将本金投入的年增长设在 5%~10%；如果你的收入已经趋于稳定，此处也可以不做增长设置。

2. 智能定投，一键实现

雪球基金中的智能定投采用的就是一种价值平均策略。其原理在于：在基金上涨的趋势中，因为市值增长多，智能定投会减少本金投入；在基金下跌的趋势中，因为市值减少，智能定投会增加本金的投入。下面我们演示两个具体的定投案例。

雪球基金智能定投方案 1：上涨少投，下跌多投。

假如目标定投金额为 1000 元，实际扣款范围为基金最低购买金额至 5000 元（目标定投金额的 5 倍），那么采用该方法定投的具体情况见表 7–1。

表 7-1　上涨少投、下跌多投的定投方案

定投期数	基金净值	目标市值（元）	当前市值（元）	扣款金额（元）
1	1	1000	0	1000
2	0.8	2000	800	1200
3	0.6	3000	1500	1500
4	1	4000	5000	基金最低购买金额
5	0.9	5000	4500	500
6	1	6000	5555	445

资料来源：雪球 App。

雪球基金智能定投方案 2：上涨定额，下跌多投。

假如目标定投金额为 1000 元，实际扣款范围为 1000 元至 5000 元（目标定投金额的 5 倍），那么采用该方法定投的具体情况见表 7–2。

表 7-2　上涨定额、下跌多投的定投方案

定投期数	基金净值	目标市值（元）	当前市值（元）	扣款金额（元）
1	1	1000	0	1000
2	0.8	2000	800	1200
3	0.6	3000	1500	1500
4	1	4000	5000	1000
5	0.9	5000	5400	1000
6	1	6000	7111	1000

资料来源：雪球 App。

从上述方案可以看出，当市场行情进入低迷期，后续每轮都会买得更多一些；当估值进入最低时期，我们买入的资金量也是最大的。使用该方法要注意设置单次定投的极限值，比如最高扣款额不高于定投额的 5 倍。这样即使遭遇暴跌，也不会给投资者带来现金流压力。

总结来说，资产的大幅震荡并不可怕，我们无须回避每一次回撤，时间可以抹平一切高波动；同时也正是定投让我们意识到，牛短熊长是多么美妙，漫长的熊市让我们可以持续低价买入优质核心资产，通过这种“慢就是快”的方式，让自己财富的雪球越滚越大。

基金怎么买最省钱？
在哪里买更靠谱？

投资基金需要三步走：买入、持有和卖出，而基金费用体系的设置正是与我们的投资行为环环相扣。由此，基金的费用（见表 7–3）可以简单划分为：买卖费用和持有费用。

买卖费用，顾名思义指的是在买入和卖出基金时产生的费用，包括申购费 / 认购费和赎回费，以及场内基金的交易佣金；持有费用也称运作费用，指的是基金日常运行中产生的费用，主要包括“管托销三费”，即管理费、托管费、销售服务费。

表 7–3　投资基金的主要费用

费用名称		收取方式
买卖费用	申购费 / 认购费（仅 A 类收取）	买入基金时，从本金中按费率一次性收取；雪球平台有费率折扣
	赎回费	卖出基金时，从赎回金额中按费率一次性收取；根据持有时间实施梯度费率
持有费用	销售服务费（仅 C 类和货基收取）	从基金净值中扣除，无须另行支付；费率以年统计，平均到每天
	管理费	
	托管费	

接下来我们就和大家把基金手续费这件事聊明白。一方面。先弄清楚买基金的过程中到底需要交多少钱，交的都是什么钱；另一方面，我们看看怎么才能不当“买基大冤种”，少花冤枉钱，如何通过减少费用成本让自己的收益最大化。

●买卖费用：频繁操作会“吃掉”你的基金收益

1. 申购费 / 认购费

申购费或认购费本质上是同一类费用，都是买基金的时候要交的手续费，也就是买入费用。我们在购买基金的页面可以看到基金的申购费率或认购费率。

两者的区别在于，认购费是在买新发的基金时交的费用，申购费则是买老基金的费用。

关于申购费，我们需要了解以下几点：

首先，申购费主要与交易金额挂钩，在每次买基金的时候按照费率一次性扣除。具体计算公式是：

$$申购费 = 申购金额 - 申购金额 \div（1+申购费率）$$

申购金额就是你总共支付的金额，申购费直接从支付的钱里划扣，剩下的金额是净申购金额，才是你实际用来买基金的钱。

如果申购金额不大，也可以用简单方法计算，本金 × 申购费率就是要交的申购费。举例来说，你计划投资 10000 元购买某只基金，申购费率是 1%，那么你交的申购费大概是 10000 × 1%=100 元。也就是你虽然支付了 10000 元，但是实际能兑换成基金份额的只有 9900 元。

其次，不同类型的基金申购费率是不一样的，具体可参考表 7–4。

表 7-4　不同类型的基金费率范围　　单位：%

股票型主动基金	股票型指数基金	债券基金	混合基金	货币基金
1.2~1.5	0.8~1.2	0.4~1	0.6~1.5	0

注：具体产品的费率以购买界面为准，本表范围仅供参考。

最后，我们常听到的基金手续费打折，就是指申购费率打折。除了申购费以外，其他各类费用的费率在各个平台都是一样的，不会有打折一说。

申购费一般最终是付给各个代销基金的机构（比如像银行和互联网平台）作为销售费用，所以具体打不打折，打几折，都由代销机构自行决定。

比如雪球目前大多数基金产品都是打一折。假设基金公司定的某只基金申购费率是 1%，那么雪球上则会是 0.1%。还是用上边的例子，本来要交 100 元的申购费，在雪球购买只需要交 10 元。

2. 赎回费

与申购费相对应，赎回费指的是我们在卖出基金的时候要交的手续费，具体计算公式为：

$$赎回费 = 赎回份额 \times 赎回日基金净值 \times 赎回费率$$

继续沿用上边的例子，当初在买入的时候，你用 9900 元购买基金份额，假设买的时候基金净值（也就是你看到的基金价格）是 1 元，即每一份基金是 1 元，那么你能获得 9900 份。

如果一段时间后，基金净值涨到了 1.5 元，此时账户上你的总基金资产变成了 $9900 \times 1.5=14850$（元）。

当你要卖出基金的时候，在全部份额都卖出的情况下，你并不能全部拿到这 14850 元钱，因为要扣掉赎回费。

如果当时对应的赎回费率是 0.5%，那么你交的赎回费就是：基金资产 × 赎回费率 $=9900 \times 1.5 \times 0.5\% \approx 74$ 元，最终你卖出后到手的现金总金额则是 $14850-74=14776$（元）。

赎回费也是根据赎回的金额一次性扣除，但不一样的是，赎回费率还与我们的基金持有时间强相关。

如表 7–5 所示，某只基金的卖出规则显示，卖出费率随着持有期限延长而越来越低，即拿得越久则卖出费率就越低。一般持有超过一段时间都会免收赎回费，这也是为了鼓励投资者长期持有。

尤其需要注意的是，对于所有的非货币基金，假设你买入基金后持有时间还没到 7 天就卖了，那么你需要交的赎回费率会高达 1.5%，这也被称为“惩罚性赎回费”。

很多刚买基金不久的基民，买了没几天看到小赚几十元就想赶紧落袋为安，结果却发现卖出后不但没赚反倒亏了，这其中的罪魁祸首就是高额的赎回费。

接下来，我们以一只基金为例，来看看不同的买卖频率会对手续费有多大影响。表 7–5 是某只基金在不打折的情况下，买入费率和卖出费率。

表 7–5　某基金不打折情况下的申赎费用　　单位：%

申购费率	
1.50	
赎回费率	
期限＜ 7 日	1.50
7 日≤期限＜ 30 日	0.75
30 日≤期限＜ 365 日	0.50
365 日≤期限＜ 730 日	0.25
730 日≤期限	0

假设我们每次投入的本金都是 100 元，且基金净值一直保持不变，不同交易频率对应的费用可谓天差地别，见表 7–6。

极端情况下，如果每周都用 100 元“周一申购，周五赎回”，一直循环，那么按照表 7–6 的费率，1 年下来的交易费用在打折的情况下一共需要 85.8 元。100 元的基金 1 年下来要交 85.8 元申赎费用，成本之高不言而喻。

如果把交易频率降低到每月操作一次，同样的成本和费率，1 年则要交 10.8 元。100 元的基金交 10.8 元手续费是什么概念呢？ 2011—2020 年 10 年间，主动管理类的股票型基金年化收益率恰好就是 10.8%，也就是说，1 年下来你的收益大概率正好被手续费“吃掉”了！

以此类推，如果每季度买卖一次，100 元基金 1 年要交的买卖费用是 2.6 元；一整年只买卖一次，只用交 0.65 元；如果拿 2 年以后再卖，那么就只需要交一笔 0.15 元的申购费就可以了。

表 7-6 不同交易频率下的申赎费用

交易频率	假设基金净值保持 100 元不变			
	申购费率（%）	赎回费率（%）	交易费用（元 / 年）	申购费打一折情况下的交易费用（元 / 年）
每周一次（持有＜7 天）	1.50	1.50	165	85.8
每月一次（每次持有至少 7 天但不足 30 天）		0.75	27	10.8
每季度一次（每次持有至少 30 天）		0.50	8	2.6
每半年一次（每次持有至少 30 天）		0.50	4	1.3
每年一次（每次持有至少 30 天但不足 365 天）		0.50	2	0.65

我们之前一直强调，买基金不要频繁交易，要长线投资，主要是因为择时难度很大，但更重要的是基金短期交易成本非常高，不知不觉就能把账户上的收益“抹平”。

持有费用：长 A 短 C。多久算长，多久算短？

除了买入和卖出时交的手续费以外，在我们持有期间，其实也在每天支付一定的费用以维持基金产品的日常运作。三类主要持有费用的费率如表 7-7 所示。

表 7-7 不同类型的基金持有费用			单位：%
基金类型	管理费率	托管费率	销售服务费率（仅 C 类份额收取）
股票基金（主动管理）	1~1.5	0.1~0.25	0.25~0.8
股票指数基金	0.15~1.2	0.1~0.25	0.1~0.5
债券基金	0.3~1	0.05~0.2	0.1~0.4
混合基金	0.6~1.5	0.1~0.25	0.1~0.8
货币基金	0.15~0.33	0.05~0.1	0.01~0.3

注：具体产品的费率以购买界面为准，本表范围仅供参考。

需要注意的是，这类费用并不需要我们另外支付，而是基金每日公布的净值已经扣除了这笔钱。我们感受不到，更像是一种隐形费用。

1. 管理费和托管费

我们买基金就是把钱交给基金公司替我们投资，基金公司相当于专业的理财管家，管理费就是我们支付的报酬。

那么，这部分费用具体是怎么算到基金净值里边去的呢？

举个例子：假设某只基金管理费是每年 1.5%，1 年有大概 250 个交易日，每天的管理费就是 1.5% ÷ 250=0.006%。那么如果基金今天涨了 1%，把管理费算进去的话，我们最终看到的净值则只涨了 1%–0.006%=0.994%；相反，如果基金跌了 1%，我们看到的净值会是跌了 1%+0.006%=1.006%。

托管费的折算也是一样的道理。跟管理费比起来，托管费是相对便宜的，一般情况下基金托管费率不会高于每年 0.25%。但是托管费并不交给基金公司，而是给托管银行。

说到这里不得不强调一点，很多基民都误以为自己买基金的钱都转到基金公司的账户里了，实际上基金公司并不能直接掌管我们的钱，而是通过托管银行的账户进行资金调动。每一只基金产品都有独立的账户，通过这种方式，托管银行能时刻监督基金公司的运作是否规范，保障我们的资金安全，所以托管费更像是我们给托管银行的资金保护费。

2. 销售服务费

与管理费、托管费不同的是，销售服务费并不是所有基金都要收取，一般只有C类基金（基金名称后带C）和货币基金收销售服务费，同样也是折算在每天的净值中。

C类基金与常见的A类相比，除了收费方式和费率不一样，其他完全一样。一般基金名字后如果没有A或C，都是按A类基金收费。

在买入环节，C类基金不收申购费。比如表7-8中，同样一只基金，A类基金有具体的买入费率，C类则标明“免手续费”。

卖出环节，两类基金虽然都要收取赎回费，但费率标准会有所不同，短期内C类的赎回费相对更优惠。

表 7-8 A类和C类基金费用对比

	买入费率	基金运作费用			卖出费率
		基金管理费	销售服务费	基金托管费	
某产品A类基金	买入金额＜100万元，费率0.1%；100万元≤买入金额＜500万元，费率0.05%；500万元≤买入金额，费率1000元/笔	0.6%		0.2%	0＜持有期限＜7天，费率1.5%；7≤持有期限＜30天，费率0.75%；30≤持有期限＜365天，费率0.5%；365≤持有期限＜2年，费率0.1%；2年≤持有期限，免手续费
某产品C类基金	免手续费	0.6%	0.5%	0.2%	0＜持有期限＜7天，费率1.5%；7≤持有期限＜30天，费率0.5%；30天≤持有期限，免手续费

单看买入和卖出费用，C 类基金比 A 类基金要便宜，但是算上销售服务费就不是那么回事了。

A 类基金的申购费打折后最多也就 0.15%，而 C 类基金的销售服务费有的费率为 0.5%/ 年，且没有折扣一说。两者相比的关键就在赎回费上，如果持有时间短，那么 C 类基金在赎回费上优势明显；但如果持有时间长，那么两类基金赎回费都很低或者都为 0，此时 A 类基金性价比更高。由此，我们选择基金时可以遵循“长 A 短 C”的原则。

至于这其中时间长和时间短的界限，模糊来讲，可以用 1 年来分隔，持有 1 年以上买 A 划算，1 年以内买 C 划算。更精准的算法，可以参考一个万能公式：持有时间临界值 =（A 类基金申购费 + 赎回费）/ 销售服务费。赎回费根据时间梯度算，如果临界值结果大于 1，则选 C 类；临界值小于 1 时选 A 类。

到这里，投资基金需要交的主要费用我们都已经讲清楚了，当然还有些更少的隐形费用，比如指数使用费、信披费等，也算在我们每天的净值收益中，这些一般分摊到每个人身上费用都非常少。另外关于 ETF 场内基金的费用，我们已经在第 2 章加以说明，就不再赘述。

买卖不同的基金，支付不同的费用

我们以几个具体的基金为例，来看看各个类型的基金，拿满 1 年赎回大概一共需要多少手续费（以雪球平台为例），假设本金都是 1 万元，见表 7–9。

从表 7–9 中也可以看出，主动管理类基金相比指数基金会更贵，所以对于指数基金这种对基金经理要求不高或者业绩差异不明显的基金而言，在挑选基金时，要把管理费和托管费作为很重要的考量因素。

综合来看，各类基金的成本由高到低排序应该是：股票型基金 > 混合型基金 >

债券型基金 > 货币型基金。这也很好理解，一般平均回报越高、风险越高的基金类型对应的总手续费也越高。

表 7-9　不同类型的基金持有 1 年总手续费

费用	股票型基金	偏股混合基金	偏债混合基金	纯债基金	指数基金	货币基金
	工银战略转型股票	中泰星元灵活配置混合 A	安信稳健增值混合 A	鹏华丰禄债券	易方达沪深 300ETF 联接	华宝现金宝 E
申购费（一折）（%）	0.15	0.15	0.10	0.08	0.12	0.00
赎回费（%）	0.30	0.00	0.10	0.00	0.25	0.00
管理费（%）	1.50	1.50	0.60	0.30	0.15	0.33
托管费（%）	0.25	0.10	0.20	0.10	0.05	0.10
销售服务费（%）	0.00	0.00	0.00	0.00	0.00	0.01
总费率（%）	2.20	1.75	1.00	0.48	0.57	0.44
总手续费（元 / 年）	220	175	100	48	57	44

注：本表为各类基金费用示例，标的不做推荐。

所以在购买基金之前，基民先要了解自己的风险偏好、交易频率、投资期限等，然后再对比费用选基金，合适的才是最好的。

如何让基金收益最大化？

投资基金的收益 = 持有期间的基金业绩回报 − 费用成本，那么，想要赚更多的钱，一方面要选优质基金，提升获得高回报的概率；另一方面，要在买基金的每一个环节尽可能选择性价比最高的方式，以降低交易成本。费用是收益的一大“杀手”，省到就是赚到。

1. 在哪买——选有折扣的平台

目前市场上常见的卖基金的代销平台主要有三类：银行、券商以及第三方基金销售平台。

这三类平台上的申购费率水平由低到高依次是：第三方销售平台 < 券商 < 银行。

银行的费率一般最高，主要是因为银行线下的销售成本比较高，早些年是一点折扣都没有的。尽管近几年银行也开始加入基金代销价格战，但和靠费率折扣起家的第三方基金销售平台比起来，银行和券商的打折力度还差一截，而且还有很多基金产品仍然没有任何折扣。

第三方基金销售平台上，目前绝大多数基金都是申购费率打一折。

当然也有部分基民认为这点手续费基本可以忽略不计，但是，在复利的作用下，看似不多的手续费，正是拖慢你财富积累速度的元凶（见图 7–4）。减少手续费支付，是个人投资者能抓得住的一种“复利”。

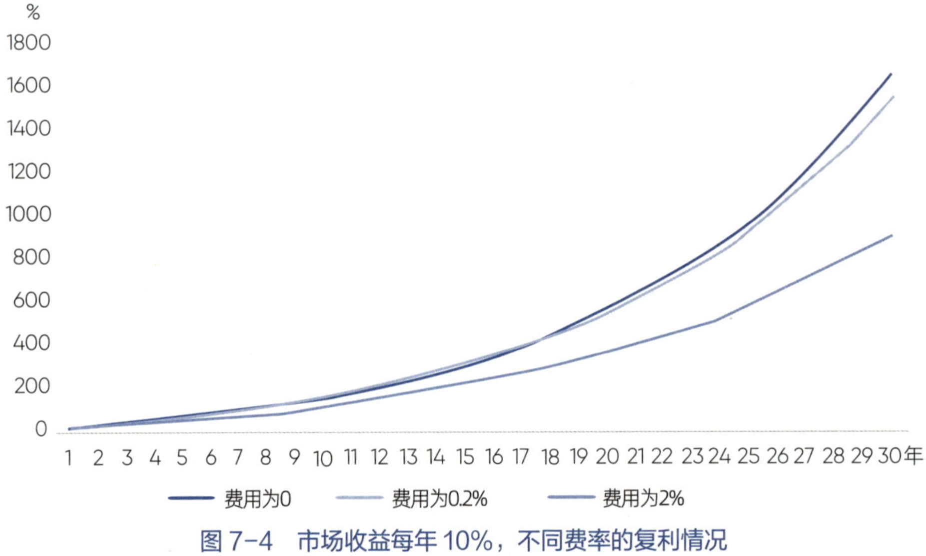

图 7–4　市场收益每年 10%，不同费率的复利情况

此外，与基金公司相比，第三方代销平台更像是一个基金超市，把各个基金公司的产品都汇总在一起。目前雪球基金货架页面有 9000 多只基金，对于基民挑选和买卖交易来说都非常方便。

那么，第三方基金销售平台靠谱吗？会不会卷钱跑路？

首先，没有牌照的平台绝对不可能提供购买基金入口，平台必须有证监会核发的第三方基金销售牌照。

其次，平台只是提供销售基金的服务，获取服务费用，并不管理基金，你买的基金只会由基金经理打理，且你投资的钱都是放在托管银行。雪球基金由浦发银行全程监管资金，完全不用担心平台跑路、爆雷等风险。

总结来看，像雪球基金这种第三方基金销售平台生来自带互联网销售优势，便宜、方便且安全，可以作为买基金的首选平台。

2. 怎么买——选定投

选好了平台，就进入了购买阶段。

在雪球基金平台，每一只基金页面下方一般会有“定投”和“立即购买”两个选项。

很多人对定投费用最大的误会就是认为定投需要买很多次，所以要交的手续费肯定要比买一次贵。但事实上，费用跟买入的次数并不相关，只跟金额相关，比如 10000 元分 100 次买，一次买 100 元和一笔买入 10000 元要交的申购费是一模一样的。

此外，很多投资者在投资时都会面临一样的问题：买入后继续下跌怎么办？其实，通过定投可以很好地解决这个问题。举个例子，如果以 10 元的价格一次性买入，那么持仓成本就是 10 元。买入后如果下跌到了 5 元，涨回 10 元则需要上涨 100%。但如果在 10 元到 5 元的过程中，每下跌 1 元分批买入，则持仓成本为 7.5 元，涨回 10 元只需要上涨 33.3%。

所以，对于普通投资者来说，定投是一个既省心又省钱的买基妙招，具体定投的方法上一节已经讲过，不再细述。

3. 怎么支付——选现金宝

常见的支付方式有两种，一种是用绑定的银行卡支付，一种则是从现金宝这种宝宝产品中划扣。

这类宝宝产品本质上是一种货币基金，除了比较稳健以外，还有一些能让我们在买卖基金过程中省时省力的优势，以雪球平台的现金宝为例：

第一，现金宝即买即用，购买之后可以买入平台全部基金，也可以用来定投，撤单资金秒退回；

第二，现金宝可以快速提现，7×24 小时随需随取，随取随用，最快一秒到账（快赎额度 1 万元 / 天）；

第三，用现金宝可以实现大额入金，购买基金不受银行卡额度的限制，买基更方便。

在买基金支付时，用现金宝方便快捷；在赎回基金时，如果选择赎回到现金宝，基本上第二个交易日就会到账，速度比银行卡到账要快两三天。如果是在下午 3 点前赎回，现金宝到账的钱第二天就能产生收益；而用银行卡的话，里里外外就相差了至少 3 天的利息钱。

4. 分红怎么办——选红利再投资

在讲这一步之前，先来说说分红是怎么回事。

简单说，基金分红并不会增加我们的收益，只是把原本就应该在我们基金账户里的资产按照一定比例分出来，然后用现金的形式给我们，相当于左边口袋的钱放到右边口袋——我们并没有得到额外的钱。

举个例子，假设你手里的基金净值是 1 元，你买了 10000 份，那你的总资产就是 10000 元。

现在每一份基金分红 0.5 元，你可以获得的分红金额是 5000 元；但是重点在于，分红后，基金净值会从原来的 1 元里扣掉 0.5 元，也就是变成了 0.5 元，那么你现在

的基金总资产是 $0.5 \times 10000+5000=10000$（元）。也就是说，你手里的钱并没有任何变化。

基金经理之所以会决定分红，除了合同约定以外，通常也是想通过这种方式进行一定的仓位调整。

对于投资者来说，既然分红没有产生额外的钱，那么分红分了多少也不用重点关注，重要的是要知道如何用好分红方式。

在交易软件中，基金的分红方式中有“现金分红”和“红利再投资”两种选项。

由于有政策规定基金销售平台不能帮投资者选择分红方式，所以基金的分红方式都是默认现金分红。那么现金分红和红利再投资有什么不一样呢？我们普通投资者该怎么选呢？

默认选择现金分红的话，你不用付赎回费就能赎回部分基金资产，落袋为安；选择红利再投资，你不需要付申购费，就能把这笔钱换成对应的基金份额。

所以这就需要考虑，基金的投资策略和风格你是否仍然喜欢，是否愿意继续投资。同时，如果你对后市行情比较悲观，那么更适合选择现金分红；如果你认为当前正是买入好时机，就要选择红利再投资。

但是实际情况是，我们绝大多数人并没有能力判断后市，所以按照长期投资不择时的理念，建议基民们在不是急用钱的情况下都选择分红再投资。

5. 拿着——长期持有最省钱

其实，优质的基金资产是不太需要卖出的。如果能确认我们定投的是优质基金，那么，是否止盈也不是很重要的事。

切忌贪小便宜吃大亏！这两个“便宜”不要占

基金投资中，关于“便宜”这件事，投资者一定要警惕以下两大误区。

● 净值低不代表基金更便宜

很多基民买基金专挑净值低的买，觉得净值低就是便宜，对高净值的基金有着明显的“恐高”心理。而事实上，净值低不代表基金更便宜，一只基金的净值和它的投资价值没什么关系，它现在净值多少也不影响它以后能涨多少。

基金净值指每一份基金值多少钱，对于我们投资者来说，买的基金赚钱还是亏钱，都是通过基金净值的涨跌变动来判断。我们要关注的是持有期间净值的增长率，是一个相对变化值，而不是绝对数值的大小。

基金经理的持仓变化、市场波动、基金分红等都会影响基金净值，低净值也可能是基金过往业绩差的结果，高净值也可能是基金赚钱能力强的结果，不能单纯以基金净值为标准来判断某一只基金是否值得购买。

举个例子，假设在同一天分别用 10000 元买入两只基金，基金 A 净值为 1 元，基金 B 净值更低些，为 0.5 元，你拿到的两只基金份额则分别为 1 万份及 2 万份。份额不一样，但你手里的基金 A 和基金 B 都是 10000 元（假设无申购费）。

如果半年后，基金 A 净值上涨 15% 涨到了 1.15 元，而基金 B 上涨 10% 到了 0.55 元。那么，现在你的手里基金 A 资产有 1 × 1.15 × 10000=11500（元），而基金 B 有 0.5 × 1.1 × 20000=11000（元），显然赚钱更多的并不是净值更低的 B 基金。

所以，与其纠结于比较净值高低，不如多花心思研究基金的赚钱能力。

● 基金便宜不一定是“好货”

与股票投资不同，基金的价格与自身的估值无关，同时我们一直强调，买基无需择时，因此，基金本身没有“便宜”与“贵”之说。对于基金而言，“便宜”这个词只能用来描述基金费用之低。

买便宜货是我们的消费惯性使然,但在挑选基金时,这个还需要具体问题具体分析。

对于指数基金，跟踪同一个指数的被动基金最终获得的回报基本上差不多，那么在收益一致的前提下，控制成本就显得很重要。所以，挑选指数基金一定要挑费率低的。

而对于主动管理的基金，则是一分价钱一分货，便宜的基金不一定是“好货”。

拿 2021 年火爆一时的几只蚂蚁战略配售基金举例，这几只基金发行时认购费都是 0，且门槛很低，再加上蚂蚁集团上市的加持，引得 1300 多万人认购，但最终蚂蚁集团暂停上市，使得这些基金瞬间“凤凰变乌鸦”，沦为普通的主动权益类产品。苦等 18 个月封闭期结束后，基民们收获的却是一份尴尬的成绩单，5 只基金中只有一只收益为正，最惨的那只跌幅超过了 35%。

所以，还是那句话，人多的地方不要去，尤其面对新基金的花式营销，一定不要冲动；挑选老基金也是一样，费率很重要，但并不需要放在最优先的位置。

总结来说，只有对自己的投资对象有足够的了解之后再去考虑费用问题，才能避免一叶障目；只有踏踏实实练好基本功，才不会因小失大。

第8章

明明白白买基金，他们也在路上

有人说，做投资要耐得住寂寞，要学会忍受孤独。然而世间万事总是知易行难，相信在投资过程中，每个人都会有那么一瞬间，希望能与他人分享自己的成功、失意、经验、感悟……幸运的是，无论是投资小白还是老兵，是盈而未满还是满腹辛酸，都可以在雪球互相交流学习，把投资作为一生的事业，彼此扶持着走下去。投资路漫漫，你我都在路上。

一位大学教授的“买基经”：买基金要赚钱，信念很重要

——志　华

亲历大牛市后我果断弃股择基

我在高校工作，是一位副教授，虽然不是职业投资者，但我也已经有多年的投资经验且收获颇丰。虽然亲身经历了大牛市，但我并不向往股市的神话，我更相信普通人买基金才是聪明的选择。

我开始炒股是在 2007 年，就是这么巧，刚入市就赶上了 A 股的超级大牛市。经历了大盘一路飙涨到 A 股的历史最高位置 6124 点，也记得从 6000 多点到 1600 点的绝望与无奈。回头看看，来回折腾了 1 年多，钱没赚到，却浪费了很多时间学习所谓的技术指标，到处打听小道消息，花了太多时间精力，甚至扰乱了我原本的生活节奏，到头来还是竹篮打水一场空。

因此在 2008 年以后，慢慢地我就对股市没了热情，基本上有近 10 年的时间没再炒过股，只是偶尔关注下股票市场的动态。在 2018 年左右，我的手上有了点闲钱，想着总不能拿着现金被通胀吃掉，所以就又开始了投资。但这次不一样的是，我没有再选择股票，而是走上了“养基”之路。

至于为什么我坚定地选择了基金而再也不碰股票，有以下两点原因。

第一，我清楚地知道，我的炒股水平远不如那些基金经理。首先是信息不对称的问题。对于上市公司的情况，我们散户是不可能了解得非常全面的。实际上很多看得见、看得懂的东西，要么就是已经过时了的信息，要么就是公司想要你知道的东西。而基金经理以及基金公司的研究团队，是长期对这些公司进行调研的，他们得到的信息肯定比我们更丰富。其次是专业知识欠缺的问题。我自己不是学金融的，对于财务报表的分析，我肯定没有他们那么精通。很多基金经理都是名校毕业，他们的学习能力应该在我之上，所以我觉得我的水平肯定不如他们。

第二，我没有时间天天盯盘。我有自己的本职工作，对我来说事业才是实现自我价值的根本，而理财只是我生活中的一个很小的部分，省心省力更为重要。相对来说，基金的本质就是基金经理帮着炒股，所以我选择买基金。另外，全面推行注册制之后，股票退市会变得相对容易，这种情况我们是很难把握的。如果我自己炒股遇到这样的情况，那就意味着遭遇“黑天鹅”，这对我的打击会很大。但是基金经理会分散持仓，就算遇到“黑天鹅”，基金的风险也要小得多。

● 像组建足球队一样配置基金组合

到目前为止，我投资基金已有近 4 年的时间。最开始的时候什么都不懂，也是什么热门买什么。当时的“喝酒吃药”以及芯片等行业基金我全都买过，而且就挑像张坤、刘彦春还有蔡嵩松等有名的经理买。一开始买得不多，我基本是放任不管的状态。幸运的是正赶上这些赛道火热，我基本上都赚了百分之六七十。

后来，慢慢地随着投入的本金越来越多，我就不敢胡乱投了，因为要对自己的资产负责。于是，我开始钻研适合自己的买基之道。

我选基金是从行业入手的。我会一直保持对一些行业数据或行业新闻的关注，在雪球上看一些专业人士的分析解读，先对一些赛道、一些投资方向有个认知。如果某个行业对我的胃口的话，即我认为在未来几年或更长时间它是个景气度不错的行业的话，我会去对比同类基金在相同时期的业绩表现，然后找到相对出色的再去研究。另外，因为我个人就是做新能源方向的研究，所以对这个行业我会有一些重点倾斜。

和大多数基民不一样的是，我从来不买指数基金，全部都是买主动基金，而且以股票型基金为主。这可能与我之前炒股的经历有关，我相信有些基金经理的炒股能力是高人一筹的，所以我更希望能通过他们的选股能力获得超额收益。此外，高收益的背后是高风险，一旦选定了我信得过的基金经理，我必须完全确定在经历大幅度回撤的时候我能坐得住，用时间抹平波动。所以对基金经理的精挑细选就尤为重要。

首先，我会看基金经理的历史业绩，如果之前业绩很差我肯定不会选。当然也有那种之前表现很差的基金突然逆袭、一路向上的，但我不会冒这个险。我会选择近3年或近5年业绩在同类基金中排名至少在前50%的。另外，我还会看历史最大回撤是不是在我能接受的范围，想象如果自己的钱扔进去也有这个回撤幅度的话，我能不能接受，能不能坚持住不割肉。

一只基金的风险收益比决定了它是否能进入我的候选池，但与此同时，我不会选择规模过大的基金，基本上超过100亿元的基金我就不考虑了。所谓“船大不好掉头”，规模大的基金换股的成本比较高。我一般选择规模在20亿~100亿元的基金。

其次，我会看基金经理的能力圈和投资风格，通过他的历史持仓判断他重仓的行业有哪些。另外，我会观察他是什么类型，是价值型、成长型还是均衡型。当然不同风格的基金经理并没有优劣之分。

对于投资者来说，我们既不要去赌某一个基金经理，也不要去赌某一个行业，学会构建自己的基金组合至关重要。我自己的基金组合配置一直以来遵循着“足球队”原则。当然这里说的不是数量，一个人持有的基金数量大概在10只以内就差不多了，不必过于分散。所谓的“足球队”原则，指的是每一只基金都要发挥它在组合中的作用。它是前锋还是后卫，哪些适合当门将，哪些可以作为替补，这些我都会有所安排。

我的“足球队”中，前锋主要是那些更偏成长风格的基金，比如光伏、锂电、科技、半导体之类，这些基金负责冲在前面带来更高的利润。我的中场更多是消费、医疗基金，因为长期来看消费、医疗的需求是一直存在的，酒肯定得喝，食品牛奶这些也肯定都得吃，医药、医疗就更不用说了。总之不管经济发展得如何，这些东西都是必需品，所以消费、医疗基金是我主要的配置。另外，我会将周期行业，比如有色、煤炭等基金作为后卫，中场和后卫的职责更多的是调控波动。如果前锋带来比较大的损失，那么中场和后卫需要来减少或者弥补损失。

当然我也会有替补基金。我有一个自选基金池，里面有各类基金。如果我对某一只基金特别有兴趣，我就会在我的雪球账户里建 100 元钱的观察仓，然后看它的走势表现，算是一个考察对象。

此外，在家庭的资产配置方面，我会根据市场大盘的表现做仓位安排。一般情况下，权益类资产的仓位会占到我们家总投资资产的 60% 左右。在市场低迷时，比如上证指数跌到 3000 点以下，我会买入更多股票型基金；在市场很疯狂时，我反而会更加保守，选择买入更多债券型基金。

买基金要赚钱，信念很重要

2022 年 4 月，上证指数一度跌到 2800 点。那时的我反而非常兴奋，不仅自己在不断加仓，也在提醒身边的人要抓住这个好机会。

为什么我会这么乐观呢？因为我相信国运，相信长线投资的力量。

中国目前仍在高速发展的过程中，中国经济肯定会随着国家实力的增强不断攀升。当前我们国家内外部的环境确实比较复杂，但是回顾过去我们经受的考验后，我相信国家是完全有能力去应对的。作为一名学者，我相信中国会在未来变得更强大，我们的金融市场也一定会变得更有影响力。投资者要做的就是坚持做多中国，只有这样才能获得理想的回报。

此外，我是理工科出身，更习惯用数据说话。从市盈率来判断，上证指数在

3000 点的时候，沪深 300 的 PE 在 11 倍左右，是比较低的点位；还有中证 500 的 PE 百分位为 10%，也就是比历史 90% 的时间都要低；还有一些行业指数也是处在历史的低位，所以 3000 以下的点位肯定是低估。单从概率方面讲，在这个点位向上涨 10% 的概率要远高于向下跌 10%，3000 点跌 10% 到 2700 点已经算是一个极端情况，所以我坚信这时候入场是安全的。

我不会考虑能不能抄到最低点。我想的首先是在这个点位进去，能够承受的风险是多少。只要在这个点位买入，我能确保资金的安全，我就会全部投入进去。

我一直认为，一旦找到适合自己的基金，就不要每天想着要不要卖。买基金是一个长期过程，追涨杀跌大概率赚不到大钱，而且利润全部都交待在手续费上了。只要基金经理没换，行业没有发生质的改变，我就会一直拿着。我相信不会赚不到钱的。事实也证明确实如此。

对于刚刚接触基金的投资者，我也想给大家一些建议。

首先，作为普通人，我们开始理财的时间越早越好。最开始重要的不是要去赚多少钱，而是要在这个过程中持续加深对基金的理解，不断学习，不断完善自己的投资体系。

其次，我们对于基金收益的期望值不能太高。主动权益基金的年化收益率平均在 10%~16%，也就是说如果你想着买一次基金资产就可以翻倍的话，你大概率会失望。如果你的期望值很高，你肯定会频繁操作。一旦某只基金没达到你的预期，你就会换另一只，结果发现另一只可能更糟糕。其实我没想过通过买基金挣大钱，回报能抵抗通胀就足够了。

最后，不要远离市场，但也不要离市场太近。我们可以每天关注行业，了解大盘环境和政策，以此避免和市场脱节。但千万不要每天盯着基金的波动看，不需要时不时打开手机翻看涨了还是跌了。这种操作不仅不会让你的收益更高，还可能会扰乱你的判断，甚至会导致冲动操作，最终蒙受损失。

提前退休的养基懒人：“佛系”投资，敢于承认自己是弱者

——懒人养基

● 投资应该是寻找确定性的过程

我研究生学的专业就是经济学，进入职场后又是在银行的国际业务部和信贷部工作，感觉投资对我来说是自然而然的事，没有什么特别的机缘。后来下海与夫人一起创业，在儿童英语教育领域经营得风生水起之际，因购买了1000多亩山地进入园艺行业，早早过上了半经营、半退休状态的田园生活。

我觉得投资最重要的是先具备积累本金的能力，要有足够的周转备用资金、充沛的现金流。投资只能使我们的生活锦上添花，如果无法积累足够多的本金、做不到持续投入，是无法实现投资致富的。

2010年以前，我以投资个股为主。当时投入资金不多，投入精力也很有限，断断续续投资的结果是有赔有赚、略有盈余，但我感觉投资个股的确定性不够。2011年我投资过股指期货，虽然赚了点钱，但还是感觉不靠谱。

据我观察，雪球上最活跃的话题应该还是对股票的研究和投资，因为个股的弹性更大，创富神话更多，所以也更能吸引眼球。但个股投资的确定性是远远不够的。长期投资阿里、腾讯、茅台的大V成为传奇，而投资乐视、蓝田的人沦为“炮灰”，

还有无数长期投资个股被“腰斩”甚至被“斩到小腿根”的投资者还在苦苦挣扎，他们的失败注定成不了什么事迹，因此也鲜为人知。

但如果是通过选择 10 只以上个股构建组合的方式进行投资，就可以大幅降低个股长期亏损、破产或退市等不确定因素带来的影响。基金的投资方式正是如此，它以构建投资组合的方式消除了绝大部分非系统性风险，甚至可以通过优选个股实现超额收益。对我来说，投资应该是寻找确定性的过程。个股的确定性不够，期货更甚。于是我便将目光聚焦于基金投资。

2017 年之前，我的基金投资也是小打小闹，投入不多，关注不够。从 2017 年 10 月起，我开始认认真真地投资。也算是比较幸运，我用分批、分散投资的方式在 2018 年底、2019 年初投入了大部分资金，其中主动基金占比约 60%，指数基金占比约 40%。2019 年和 2020 年我都获得了不错的收益，而在被我定义为防守年的 2021 年，截至 11 月底也实现了正收益。

不要凭想象和感觉做投资

一直以来我的投资观念就是不要凭想象和感觉做投资，一定要有规划和完整的策略，否则不如不做。结合这几年的基金投资经历，我总结了以下选基思路。

我选基金是基于不同投资风格进行配置，因此成长、价值、均衡和量化投资风格的基金我都会配置。由于主动基金当前还有不菲的超额收益，我的投资以主动基金为主，指数基金为辅。选主动基金实际上就是选基金经理，我主要选择担任基金经理 5 年以上的老将，当然也不排斥自己看好的有潜力的新人。我主要会看基金经理 5 年以上的风险调整收益率，同时特别留心投资风格是否稳定，在业绩落后的阶段介入。

如果指数基金下跌幅度足够大，我会逆势布局最多 40% 仓位的指数基金，否则基本上 90% 以上的资金都会投资于主动基金。我以指数基金自最高点下跌超过 30%

作为逆势布局的前提，达不到条件绝不投资。

其实基金投资获利很简单，关键是要制定理性的投资目标，分批买入以获取市场平均成本，以资产配置的方式长期持有，静待复利之花慢慢绽放。

对我来讲，规避单一主动基金的不确定性是关键，所以我会以基金组合的方式进行投资。多只基金配置的基金组合中此消彼长，短期进攻性肯定是中庸的，但不妨碍在长期获取好成绩。我经常爱举这个例子：基金 A 第一年涨 80%，第二年跌 30%；基金 B 第一年涨 20%，第二年还是涨 20%，哪只更好？事实上是基金 B 更强，而一个好的基金组合显然更像基金 B，多配置几只主动基金并不会降低最终的总收益。

想要知道梨子的滋味就要亲口尝一尝

当然，每个人都有自己的能力圈，这一点基金经理和普通投资者都是一样的。能力圈可以被扩展，但这不是一朝一夕的事。我会坚守自己的能力圈，不懂不做。

我是从 2021 年 6 月开始接触基金投顾的，作为雪球“金牌投顾体验官”，为了能更好地理解投顾，更好地沉淀和输出，我如饥似渴地查阅国内外相关资料，国际上一些成功的投顾实践使我对国内的基金投顾重视起来。

后来我开始买入投顾产品进行实践，并通过跟踪各投顾产品的业绩表现、阅读每期业绩报告、观看直播等方式来不断学习和吸收，并每周写一篇投顾体验报告来进行思考和沉淀。

这些报告在我的雪球专栏发布后获得了一些关注和好评，而更重要的是我通过认真观察和学习，对这些原本不怎么关注的基金产品有了比较深入的认识。它们逐渐嵌入我的脑海，成为我基金投资能力圈的一部分。在未来，它们有可能成为我资产配置的一部分。

如果按照我过去的思维模式，我的主要兴趣点在主动基金，那后来推出的恒生科技 ETF、公募 REITs 以及双创 50，我就有可能忽略。但是参与投顾体验的过程让我认识到，新生的事物或本来陌生的事物，在不经意间可能会为我们打开一扇新的窗户，让我们看到原本看不到的东西。

体验基金投顾的过程在一定程度上改变了我对待陌生事物的方法论——不要漠视，不能靠臆想去理解，不要仅仅作为一个看客，因为一切都可能蕴含着投资机会。

承认自己的弱者思维，才有可能固守收益

在纷繁复杂、瞬息万变的市场面前，所有的个体都是弱者，我们只需要坚守自己的投资体系，不谋求打败市场，同时也不给市场打败自己的机会，赚自己看得懂的那部分钱。

熟悉我的“球友”都知道，“养只金基下金蛋”是我的口头禅，也是我的基金投资观。活下来才能赚钱，理性的收益目标、稳健的投资策略更有利于我们获得投资成功。

我认为在投资中，保持自信、乐观非常重要，因为只有相信未来会更美好、看得到希望，投资才能进行下去。但换个角度来看，投资还需要弱者思维，要承认自己的能力圈是有限的，知道哪些可为、哪些不可为，投资才能顺利进行并最终获利。

具体到基金投资上，我觉得弱者思维主要体现在以下几方面。

承认自己并非天赋异禀，就确定一个理性而中庸的收益目标。几乎年年都能看到有人实现动辄 80%、100% 的年度收益率，但这些看得到、摸不着的“神人”与我们无关。普通投资者能有 15% 的长期年化收益率就不错了，努努力再有点运气能到 20%，就算实现投资“小目标”了。

承认自己没有在市场上进行短期博弈的能力，就选择做长期投资者，赚企业长期成长和盈利增加带来的那部分收益。

承认自己心理承受能力有限，就忍住诱惑，不要加杠杆。不仅不加杠杆，还得留足日常所需和紧急需要的备用金，投资才能从容不迫。

承认自己研究和预判行业的能力不够，不能在 5 年前买白酒、2 年前买新能源，

就老老实实买宽基指数基金或者均衡配置的主动基金，赚细水长流的钱。即使偶尔做一次行业基金投资，也只赚自己看得懂的那部分。除此之外，再大的涨幅也与自己无关。

承认自己没有准确抄底或逃顶的能力，就做股债配置，构建基金组合。每一两年进行一次股债动态再平衡，机械地做高抛低吸，即使知道这样做可能会丧失一些投资效率也在所不惜。

承认自己研究基金经理的深度不够，找不到那个可以一劳永逸的、理想的基金经理，就选择 5~10 个当下看起来一流的基金经理，用他们的平均水平来代替那个理想化的角色。价值、成长、中观、景气轮动、量化……入选的基金经理要尽可能在投资风格上保持分散。即使知道 5~10 个基金经理带来的平均收益不如那个拔尖的基金经理也没办法，因为我确实不知道 5 年、10 年后谁最好。

承认自己的认知和预判能力有限，就不要把预判当成决策和策略。实际的策略和方案一定是留有余地的，即使出现最坏的情形也能从容应对。哪怕知道这样做在短期内可能会少赚钱也没关系，毕竟安全地赚钱更重要。

承认自己情绪易受影响，就不要挑战人性。不赌方向，不重仓单一基金或行业主题，少看短期市值变动，减少交易频率。即使这样做会使自己的投资生活平淡无奇也没关系，因为这种有赌性的、偶尔的成功会使自己狂妄自大，对自己的投资能力产生误判，改变自己的投资行为从而导致灾难性后果。

总之，高水平的投资者能够保持自信、乐观和适度的弱者思维，在基金投资中才能进退自如、行稳致远。

14年老基民：我经不住大起大落，只做稳健型投资

——基民柠檬

●身为一位老基民，热爱可抵岁月长

我是一名普通的基金投资者。是母亲慢慢带着我了解股票和基金的，这个广阔的世界吸引着我这个充满好奇、喜欢探索的青年，直到现在，我对基金投资的兴趣也丝毫未减。

2008年2月，我进行了第一笔基金认购。我人生的第一只基金是一只强债基金，认购前我接触基金已有大概三四年时间，当时我觉得债市前景可期，可作为替代银行存款的理财产品。在2008年的大熊市，这只债基表现很亮眼，在同类产品中排名前3。我持有了大概1年时间，这次认购也让我赚到了第一桶金，应该说是个非常美好的开始。

以债券型基金作为起点，到现在我基本投遍了公募基金的所有大类产品。我前10年的投资基本是在长见识，最近几年才逐渐成熟起来，对自己的投资研究也比较有自信了。这一路走来，经历过“疯牛市”，经历过漫长的熊市，也熬过了索然无味的震荡期；有过浮盈，自然也有过亏损。2009年、2015年、2018年，每一个让人煎熬的年份都让我的投资体系变得更加成熟。人在低谷的时候会积累很多实用的知

识、经验和教训，心态也能得到历练。

目前，除了流动资金和备用资金放在银行理财里，其余大概95%的资金都被我用于基金投资，主要投资主动权益类和“固收+”产品。

先认识自己，再认识投资

我最失败的投资是在2015年。当时虽然有了一定的经验，也做了逃顶计划，但计划终究没有实施。我当时没有意识到市场的动态变化会那么大，静态看指数点位投资，以为自己能赚得盆满钵满，没有及时撤退，回撤很大，犯了“刻舟求剑”的错误。现在来看，当年是太贪心了，非要追求精准逃顶。

我认为在开始投资之前，我们需要先对自己有个清晰的认知。投资者都想赚钱，但真不是什么钱都能赚到手。集中做你擅长的事，效率会更高；而在自己能力圈中比较薄弱的地方，最好慎重一点，盲目跟风赚到的钱，市场早晚会让你还回去的。另外就是不得贪胜，虽然现在的行情很极端，但我觉得为了避免自己吃大亏，一定要坚守纪律。行情瞬息万变，但投资急不得，还是应该先充分认识自己，谋定而后动。交学费不怕，但不能稀里糊涂交学费，一点收获都没有。

2015年之后我吸取了教训，沉下心来做投资，建立起了自己的投资框架和理念。在选基上，我认为大思路还是要选最适合自己的，要建立组合思维。先根据自己的投资喜好和目标构建基金组合的投资策略，然后根据策略来选择最适合的产品。通俗来讲，就是先布阵，再排兵，每一只基金在你的组合里都要有明确的位置。

我目前比较成功的投资应该就是2016年底发掘了周应波，2017年1月开始投资他管理的中欧时代先锋基金，拿到了2020年7月；而后2020年7月又发掘了杨金金，拿到了2022年2月。初识这两位时，他们都是刚出道不久的新生代基金经理，我也算是看着他们逐渐被大家所熟知。

至于我是如何较早发掘到这样的基金经理的，应该说是一种长期积累的经验。

以周应波为例，关注到他是因为他在基金成立时认购了发起式份额，而且金额还不低。然后我发现他的投资策略我很喜欢，他的能力也能支撑起这样的策略。周应波对于规模很克制，限购措施也比较严格，投资思路清晰。当时我比较看好这样一位年轻的基金经理，随时关注着他的一些动作，我发现他在每一次的季报中都能给我惊喜，可谓是“天生的基金经理”。

不过比较残酷的是，再优秀的基金经理，市场的追捧都是他们需要经历的一道坎。随着周应波的“追随者”越来越多，基金管理规模整体激增，他也在进阶的过程中遇到了挫折，投资策略受到了比较大的影响。鉴于前景不如以往，加之还有更好的选择，我当时选择了赎回。

● 先积累经验，再考虑回报

我主要投资主动基金，选基金经理时要听他的策略，听得多了，会有很多感悟和收获；还要看他的动作，要看懂基金经理怎么做。投资者必须得懂底层资产，股票、债券、商品，再到个股分析、行业研究，人慢慢就会懂得越来越多。

我在日常生活中也是个比较稳的人，不喜欢大起大落，在投资中也保持着稳健投资的风格。另外，投资策略需要基于投资目标，综合收益、流动性、安全性等因素来制定，甚至也要考虑资金的来源和性质。

牛熊交替给我最大的感触就是放弃择时。择时是很难的，除了对自身投资水平有较高的要求以外，还考验投资者与人性博弈的能力，胜出者只有极少数。没有这个能力，我就扬长避短。现在我只考虑资产的价格，以此为锚进行操作，回避估值高的资产，忽略大市和趋势。

投资有难度，是因为它本身就是逆人性的，所以投资就是孤独的。要想在孤独中享受喜悦，就需要有长期的投资经验积累。经验的积累有一个量变到质变的过程，最后会让你具备一种“投资感觉”。你投入的时间，动的脑筋，最后都会有回报的。

可能这个过程会很长，但欲速则不达，着急是没有用的。

投资路上，你我同行

基金投资可以说是我最大的兴趣爱好了，但是要投资就肯定避免不了亏钱。特别是投资经验较少的人，没怎么亏过钱，没经历过大风大浪，虽入市时有心理建设，但有时还是会想不开。我能够坚持下来就靠一点——热爱。投资能满足我生活中大半的探索欲和好奇心，但如果你对投资本身并没有多么热爱，我建议你在做每一笔投资前一定要做好最坏的打算。这个打算不怕极端，具体来讲就是设置一个强制止损位，将单笔投资的损失控制在自己可承受的范围之内。另外如果实在难受，可以尝试转移注意力，排解情绪。情绪本就不该过多参与你的投资，以我 10 多年的投资经验来讲，没有什么困难是过不去的。

这么多年，我仍在路上，继续做好研究、坚持投资。当我看好的基金经理取得优秀的业绩时，我会很开心。比起赚钱，这更是对我研究的肯定，这种肯定会转化为成就感，给我的生活带来更多的阳光。

到这里，我们对基金的介绍就全部结束了。如果你希望投资路上不孤单，欢迎你下载雪球 App，和其他投资者同行；当然，你还可以扫描下面的二维码，加入雪球基金第一课的学习，获得免费的服务与长期的陪伴。